인물로 만나는 근대 이야기

교과연계

5-2 사회	3. 유교 문화가 발달한 조선
6-1 사회	1. 조선 사회의 새로운 움직임 2. 근대 국가 수립을 위한 노력과 민족 운동
	3. 대한민국의 발전과 오늘의 우리

인물을 통해 생생하게 배우는 근대사!

　이순신 장군은 임진왜란 때 전투를 끝내고 왕에게 보고서를 썼습니다. 전투에서 어떤 전략으로 어떻게 싸웠는지를 간단히 쓴 다음에는 함께한 사람들의 이름을 길게 썼습니다.
　"순천의 수군 김봉수, 광양의 김두산, 흥양의 강필인, 남의 집 노비 김말손, 거북선에 탔던 정춘. 이 사람들은 총알에 맞아 전사했습니다. 흥양 3호선에 탔던 남의 집 노비 풍세와 어부 망구지, 망기, 흔복은 총알에 맞았으나 다행히 부상이 심하지 않습니다."
　이렇게 말입니다.
　저는 이순신 장군의 보고서를 읽고 우리 역사가 평범한 사람들의 위대한 희생 속에서 발전해 왔음을 새삼 깨달았습니다.
　《인물로 만나는 근대 이야기》는 흥선 대원군부터 최현배까지, 역사 속 인물들을 통해 우리의 근대사를 들여다보는 책입니다. 근대를 살았던 인물들의 활동과 역사적 배경을 어린이의 눈높이에 맞춰 서술해, 어린이들이 근대를 생생하고 정확하게 만날 수 있도록 도왔습니다.
　저는 글을 쓰면서 되도록 역사 속 인물들의 이름을 많이 쓰려고 했습니다. 제목에는 어쩔 수 없이 한두 사람을 주인공으로 내세웠지만 본문에서는 한

명이라도 더 쓰려고 노력했습니다. 원고를 쓰고 나서 일일이 세어 보니 100명 가까이 됩니다. 여러 인물의 이름을 다 적은 이유는, 우리가 그들의 이름을 더 많이 불러야 한다고 믿기 때문입니다. 격동적이었던 근대에 나라를 위해 올곧은 일을 행한 사람들을 기억하는 일이 우리가 가장 먼저 할 일이라고 믿기 때문입니다.

  책을 더 재미있게 읽기 위해 여러분들이 이 책에 나온 인물이 되는 상상을 해 본다면 어떨까요? 여러분이 헤이그 특사를 따라간 차니콜라이라면, 무역 회사를 세워 임시 정부에 독립운동 자금을 몰래 보낸 이우식이라면, 일본과 전투를 벌인 여성 독립운동가 박차정이라면, 어떤 활약을 펼쳤을까요?

2016년 가을에 신연호

책을 읽는 친구들에게

서양 오랑캐와 싸우지 않는 것은 화해하는 것이다 – 흥선대원군 8
[역사 산책] 나라 안팎으로 어지럽던 조선 후기
[인물 수첩] 70대 의병장 최익현

사랑방에서 피어난 개화사상 – 김옥균 26
[역사 산책] 개화파는 어떤 일을 했을까?
[인물 수첩] 개화사상의 선구자 박규수, 오경석, 유흥기

나라 사랑 굳은 마음 그 누가 알아줄까? – 전봉준 44
[역사 산책] 동학 농민 운동은 왜 일어났을까?
[인물 수첩] 동학을 천도교로 바꾼 손병희

신문은 국가의 등불이요, 백성의 스승이라 – 서재필 62
[역사 산책] 친일 개화파가 주도한 개혁
[인물 수첩] 독립신문에서 일한 한글학자 주시경

평화의 신은 어디에 있습니까? – 이준, 이상설, 이위종 78
[역사 산책] 강제로 물러난 고종 황제
[인물 수첩] 헤이그 특사를 도운 사람들

실력을 쌓고 힘을 기르소서 — 안창호 92
[역사 산책] 깨우쳐야 산다, 계몽 운동
[인물 수첩] 안창호의 연설에 감동한 이승훈

만주로 간 형제들 — 이회영과 형제들 106
[역사 산책] 임시 정부는 어떤 일을 했을까?
[인물 수첩] 가족을 이끌고 독립운동에 나선 이상룡, 김대락

호랑이보다 빠른 독립군 — 홍범도, 김좌진 122
[역사 산책] 독립군은 어떻게 되었을까?
[인물 수첩] 독립군에 참가한 사람들

역사 속에서 희망 찾기 — 신채호 140
[역사 산책] 신채호는 왜 역사 연구에 매달렸을까?
[인물 수첩] 1930년대 의열 투쟁을 이끈 이봉창과 윤봉길

한글이 목숨 — 최현배와 조선어 학회 사람들 154
[역사 산책] 일본은 왜 말까지 탄압했을까?
[인물 수첩] 한글로 저항시를 쓴 시인들

인물로 정리하는 주요 역사 사건

참고한 자료들

서양 오랑캐와 싸우지 않는 것은 화해하는 것이다 _흥선 대원군

왕족이었던 이하응(1820~1898)은 젊어서는 흥선군이라는 이름을 받았고, 아들이 왕이 되면서 왕의 아버지를 높여 부르는 대원군이 되었어요. 사람들은 '대원위 대감'이라고 불렀어요. 어린 고종을 대신해 10년 동안 섭정을 하며 개혁 정치를 펼쳤어요. 세도 정치가들 때문에 엉망이 된 국가 질서를 바로잡고 왕실의 권위를 세우기 위해서였어요. 막강한 권력을 휘둘렀기 때문에 흥선 대원군이 섭정한 10년 동안은 온 나라가 벌벌 떨었어요. 이 때문에 흥선 대원군은 아들인 고종과 갈등을 빚기도 했어요.

"전하. 낯선 배가 제주에 사람을 내려놓았는데, 사람의 생김새가 이상합니다. 말소리는 왜가리처럼 시끄럽고 글씨는 꼬불꼬불해서 도무지 어느 나라 사람인지 모르겠습니다."

"전하. 제주 앞바다의 깊이를 재던 이양선이 통역관에게 지도를 주고 달아났습니다."

조선 후기에 들어 조정에는 이런 보고가 자주 올라왔어요. 조선의 배와 생김새가 다른 서양의 배인 이양선이 동에 번쩍, 서에 번쩍 하며 나타났어요. 서양 사람은 바다뿐 아니라 육지에도 나타났어요. 러시아 사람이 두만강 건너편에 와서 *통상을 하자고 요구하기도 했어요. 조선은 혼란에 빠졌어요. 거절했다가 러시아가 침략해 오면 어쩌나 두려웠어요. 고종을 대신해 나라를 다스리던 흥선 대원군도 고민이 많았지요.

'프랑스에서 온 **천주교 선교사들을 만나 볼까? 선교 활동을 허락하면 러시아가 침략할 수 없게 도와줄 것도 같은데······.'

흥선 대원군은 천주교를 인정하고 프랑스의 힘을 빌려 볼까 생각했지만 일이 흥선 대원군의 뜻대로 돌아가지 않았어요.

※ 통상
나라끼리 물건을 사고파는 것을 통상이라고 해요. 과학 기술의 발달로 경제 규모가 커진 강대국들은 자기 나라의 상품을 내다 팔면서 자원을 값싸게 얻어 갈 새로운 시장을 찾았어요. 조선의 앞바다에 여러 강대국의 배가 수시로 나타난 것은 그 때문이에요.

※※ 천주교
조선은 풍속을 해친다는 이유로 천주교를 쉽게 받아들이지 않았어요. 사람은 모두 평등하다거나 남녀가 차이가 없다는 가르침들이 조선의 전통 질서에 어긋났기 때문이에요. 이 때문에 조선에서는 천주교 탄압 사건이 여러 차례 일어났어요.

천주교를 금지하다

1866년 1월, 포도청에서 수상한 사람을 체포했다는 보고가 조정에 들어왔어요.

"조선말을 잘하지만 눈이 움푹 들어가고 코는 오뚝한 것이 프랑스에서 온 천주교 선교사가 분명합니다."

조정 대신들은 천주교 선교사에게 벌을 주라며 벌 떼처럼 일어났고, 궁궐의 최고 어른인 대왕대비도 벌컥 화를 냈어요.

"서양인들이 마음대로 돌아다니며 해로운 종교를 퍼뜨리다니 결코 용서할 수 없다. 큰길, 구석진 시골길 할 것 없이 샅샅이 살펴서 천주교 선교사들을 체포하라! 고발하는 백성은 상을 주고 숨겨 주는 자는 처벌할 테니 전국에 방을 붙여서 널리 알려라!"

서슬 퍼런 대왕대비의 명령에 흥선 대원군은 움찔했어요. 대왕대비는 흥선 대원군이 정치에 나설 수 있게 도와준 사람이었어요. 그런 대왕대비의 뜻을 거스르고 천주교 선교사를 만날 수는 없는 일이었어요. 흥선 대원군은 천주교 선교사들에게 도움을 받으려던 계획을 완전히 뒤집고 명령을 내렸어요.

"대원위(흥선 대원군을 높여 부르는 말이에요.) 분부다! 아름다운 풍습을 해치는 천주교는 철저히 금지하니 교인들을 모두 잡아들여라!"

이것이 1866년부터 1871년까지 천주교인을 학살한 병인박해의 시작이었어요. 전국에서 수많은 천주교인이 포도청에 붙잡혔어요. 책과 종교용품은 불탔고, 잡혀 온 사람들은 옥에 갇혀 매를 맞고 흥선 대원군이

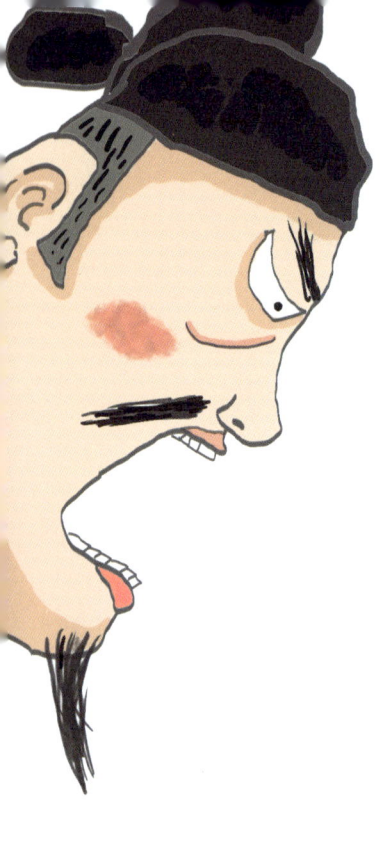

보는 앞에서 조사를 받았어요. 그 결과 조선에 있던 프랑스의 천주교 선교사 대부분과 수천 명의 조선 교인이 처형당했어요.

한편, 병인박해의 소용돌이를 피해 조선을 빠져나간 천주교 선교사가 있었어요. 선교사는 교인들과 함께 낮에는 숨어 있고 밤에는 외딴길을 걸어 청나라까지 갔어요. 선교사는 청나라에 주둔하고 있던 프랑스 함대의 사령관을 찾아가 조선에서 일어난 일을 알렸어요.

"흥선 대원군의 탄압으로 조선에 있던 프랑스의 천주교 선교사 대부분이 죽고 저까지 겨우 세 사람만 살았습니다. 조선에 남아 있는 두 사람의 목숨이 위험하니 하루 빨리 구해 주세요."

"감히 우리 프랑스 국민을 해치다니 조선을 공격해 복수하겠다!"

프랑스 함대의 사령관은 보복을 하겠다고 선언했어요. 이 사실은 청나라 관리의 귀에도 들어갔어요. 청나라 관리는 흥선 대원군에게 프랑스 함대가 조선을 공격할지 모른다고 알려 주었어요. 흥선 대원군은 조선에 있는 천주교인에게 화살을 겨누었어요.

"나라 안에서 벌어진 일을 프랑스에 일러바치다니, 조정을 위험에 빠뜨린 천주교인을 결코 살려 두지 않겠다!"

흥선 대원군은 천주교를 더욱더 탄압했어요.

불타오른 제너럴셔먼호

그런 중에도 이양선은 하루가 멀다 하고 나타나 통상을 하자고 요구했어요. 그때마다 조선의 대답은 한결같았어요.

"서양과의 교역은 우리나라 법에서 금지하는 일이니 썩 물러가시오."

대부분의 이양선은 돌아갔지만 1866년 병인년 여름, 평양 대동강에 나타난 제너럴셔먼호는 달랐어요. 미국의 배인 제너럴셔먼호는 무역을 하는 상선이면서도 군함처럼 대포가 있었고 선원들은 총과 칼로 무장했어요. 제너럴셔먼호는 대포로 위협하며 통상을 하자고 요구했어요.

"우리 배에는 옷감과 유리그릇, 천리경, 자명종, 축음기 같은 진기한 물건이 많이 있소. 조선의 쌀, 인삼, 종이, 호랑이 가죽 같은 특산품과 맞바꿉시다."

조선은 제안을 거절했지만 제너럴셔먼호는 물러가지 않고 20여 일이나 머물며 행패를 부렸어요. 조선 군사를 잡아 배에 가두고 지나가는 배에서 식량도 빼앗았지요. 화가 난 흥선 대원군은 평안도 관찰사 박규수에게 명령했어요.

"대원위 분부다! 이양선이 물러가지 않으면 공격해 침몰 시켜라!"

박규수는 즉시 공격에 나섰지만 제너럴셔먼호는 끄떡하지 않았어요. 제너럴셔먼호는 성처럼 높고 튼튼했거든요. 조선의 구식 총이나 화살은 제너럴셔먼호의 대포 앞에서 힘을 쓰지 못했어요. 그런데 날씨가 조선을 도왔어요. 장맛비가 그치면서 강물이 줄어들자 제너럴셔먼호가 모래사장에 걸려 옴짝달싹 못 하게 되었어요. 박규수는 이때를 놓치지 않았어요.

"이양선이 아무리 튼튼하고 서양의 무기가 아무리 무서워도 지금은 독 안에 든 쥐다. 우리의 작전은 불이다! 불로 공격한다!"

박규수는 작은 배 두 척에 땔감을 가득 실은 뒤 불을 붙이고, 그 배를 제너럴셔먼호 가까이로 보냈어요. 불은 순식간에 제너럴셔먼호에 번졌고 제너럴셔먼호는 침몰하고 말았어요.

제너럴셔먼호 사건으로 흥선 대원군은 서양을 물리칠 수 있다는 자신감을 가졌어요. 한편으로는 프랑스가 쳐들어 올 때를 대비해 방어 태세를 갖추었지요.

병인년, 프랑스와 충돌

마침내 그해 가을, 복수를 선언했던 프랑스가 군함 일곱 척을 이끌고 강화도에 나타났어요. 강화도는 지방에서 온 배가 한양으로 갈 때 반드시 지나는 길목이었어요. 프랑스 군은 강화도를 점령하면 물자를 실어 나르는 배가 한양으로 가지 못할 것이라고 생각했어요. 식량이 한양으로 가지 못하면 백성들이 큰 곤란을 겪을 테니 조선 정부도 금세 무릎을 꿇을 것이라고 판단했지요.

강화도에 상륙한 프랑스 군은 일반 백성들이 사는 집에 들어가 옷, 쌀, 쇠붙이 등을 빼앗고 닭과 소를 끌어갔어요. 그런 뒤 집은 불태웠어요. 백성들은 줄줄이 피난길에 나섰고 강화도는 손쉽게 프랑스 군의 손아귀에 들어갔어요.

프랑스 군은 조선 정부에 두 가지를 요구했어요.

"선교사들을 죽음에 이르게 한 세 정승을 처벌하시오. 그리고 관리를 보내 프랑스와 조약을 맺을 준비를 하시오."

흥선 대원군에게는 어림없는 소리였어요.

"서양 오랑캐들이 함부로 날뛰지 못하게 만들겠다! 겁먹지 말고 전투 태세를 갖추어라."

흥선 대원군은 총으로 사냥을 하는 포수를 모집해 군대로 보냈고, 백성들에게 쇠붙이를 거두어 무기를 만들었어요. 또한 의병으로 나설 사람을 모집하고, 군사들에게는 음식을 보내 격려했지요.

흥선 대원군은 문수산성에 있는 한성근 장군 부대에 기대를 걸었어요. 한성근 장군 부대는 잠복해 있다가 프랑스 군을 기습했지만 역부족이었어요. 결국 후퇴하고 말았어요.

기쁜 소식이 날아든 건 그로부터 보름 뒤였어요.

"대원위 대감! 양헌수 장군이 밤새 바다를 건너 정족산성에 진을 쳤다고 합니다."

양헌수는 포수들을 길목에 매복시키고 프랑스 군이 다가오기를 기다렸어요. 얼마 지나지 않아 정찰을 나왔던 프랑스 군이 정족산성 가까이 왔어요. 포수들의 총이 일제히 불을 뿜었어요. 프랑스 군은 기세 좋게 맞섰지만 곧 무기가 바닥났어요. 프랑스 군은 끌고 왔던 말과 노새, 식량과 남은 무기까지 내버린 채 달아났어요.

이 전투가 있고 이틀 뒤, 프랑스 군은 강화도에서 철수했어요. 그러나 순순히 물러나지 않고 마구 화풀이를 해 댔어요. 읍성에 불을 지르고

*외규장각에 보관한 조선의 책들을 약탈했어요.

홍선 대원군은 프랑스가 스스로 물러났으니 조선이 승리했다고 생각했어요. 조정은 정족산성에서 공을 세운 양헌수에게 큰 벼슬을 내리고 국방에 더욱 신경 썼어요. 특히 강화도에 부대를 새로 설치하고 포수들을 군사로 배치했어요.

조상의 묘를 파헤친 서양 오랑캐

"조선에는 은으로 뒤덮인 산이 있고 왕릉에는 온갖 금은보화가 들어 있다면서?"

"홍선 대원군은 집안에 행운이 찾아오게 하려고 자기 아버지 무덤에 귀한 보물을 숨겼대."

중국에 있던 서양 상인들 사이에는 조선에 대한 그럴듯한 소문이 돌았어요. 상인들은 신비한 나라 조선에 가면 큰돈을 벌 수 있다는 일확천금의 꿈을 꾸었어요. 독일 사람 오페르트가 그런 사람 가운데 한 명이었어요. 오페르트는 중국에서 무역을 하며 조선에 관심을 가졌고 1866년 병인년에 두 차례나 조선에 와서 통상을 요구했어요. 관리들이 조선의 국법에 따라 요구를 거절했지만 오페르트는 끈질기게 매달렸어요.

"통상 무역은 조선에도 도움 되는 일이에요. 제발 궁

＊ 외규장각

규장각은 궁궐 안에 두었던 왕실 도서관이에요. 정조가 강화도에 별도의 규장각을 지으면서 궁궐에 있는 규장각은 내규장각, 궁궐 밖의 규장각은 외규장각이라고 불렀어요. 외규장각에 있던 책은 국왕 책봉, 왕실 혼례, 왕실 장례 등의 주요 행사를 글과 그림으로 남긴 의궤들이에요. 우리나라는 1991년부터 프랑스에 있는 외규장각 도서를 찾으려는 운동을 벌였어요. 프랑스와 오랜 협상 끝에 의궤는 우리나라로 돌아왔지만 완전히 돌려받은 것은 아니에요. 프랑스는 소유권은 자기 나라에 둔 채 영원히 빌려주는 '영구 임대'라는 조건을 걸었어요.

궐로 들어갈 수 있게 해 주세요. 배에 있는 시계, 거울, 망원경 같은 서양 물건을 왕께 바칠게요."

그러나 조선의 대답은 언제나 "안 돼!"였어요. 오페르트는 흥선 대원군을 원망했어요.

'백성들은 서양과 통상하기를 바라는데 난폭하고 변덕스러운 흥선 대원군이 혼자서만 반대하는 거야. 흥선 대원군과 협상만 잘하면 될 텐데……'

어느 날, 병인박해 때 간신히 살아남은 천주교 선교사가 오페르트를 찾아왔어요. 천주교 선교사는 흥선 대원군에게 앙심을 품고 있었어요. 오페르트를 이용해 흥선 대원군의 아버지 무덤을 파헤쳐 복수할 계획을 세웠어요. 천주교 선교사는 오페르트의 야심에 불을 지폈어요.

"흥선 대원군 아버지의 무덤에서 보물을 꺼내면 큰 부자가 될 거요. 내가 길을 안내하겠소."

오페르트는 옳다구나 싶었어요.

'무덤에 든 보물을 꺼내서 흥선 대원군과 협상을 해야겠어.'

오페르트 일당은 군사로 변장하고 흥선 대원군의 아버지인 남연군의 묘소로 갔어요. 그러나 무덤은 석회가 단단히 칠해져 있어서 파헤치기 쉽지 않았어요. 진땀만 빼던 오페르트 일당은 조선 군사들이 낌새를 눈치채고 몰려오자 도굴을 포기하고 도망쳤어요.

아버지의 무덤은 지켰지만 흥선 대원군의 분노는 하늘을 찌를 듯했어요. 조선 사람에게 조상의 묘에 손을 대는 것은 생각조차 할 수 없는 일이었으니까요.

"서양 놈들은 윤리도 모르는 야만족이라는 것을 똑똑히 알았다. 이번 일에 앞장선 천주교인을 그대로 둘 수 없다. 앞으로 천주교인이 눈에 띄면 심문도 하지 말고 그 자리에서 베어라!"

신미년, 미국과 충돌

서양에 대한 흥선 대원군의 반발심을 더욱 키운 사건은 신미양요였어요. 1871년 인천 앞바다에 미국 해군 소속의 함대가 나타났어요. 미군은 5년 전에 있었던 제너럴셔먼호 사건에 대해 이야기했어요.

"5년 전 우리나라의 배를 침몰시킨 사건에 대해서 배상을 하고 살아남은 미국인이 있다면 풀어 주시오. 그리고 이번 기회에 우리 미국과 조약을 맺읍시다."

흥선 대원군은 프랑스와의 전투 이후 자신감에 차 있었어요. 미국의 거센 요구에도 눈 하나 깜짝

하지 않았어요.

"강화도 방어에 한층 주의를 기울여라. 부대의 책임자로 어재연을 보내겠다!"

조선이 강하게 나오자 미군은 강화도를 점령하기로 했어요. 미군은 초지진과 덕진진을 차례로 무너뜨리고 광성보로 향했어요. 광성보는 어재연 장군이 지키고 있었어요. 어재연은 격렬히 저항했지만 미군의 신식 무기 앞에서 어쩔 도리가 없었어요. 조선은 엄청난 사상자를 냈고 어재연도 총탄에 맞아 전사했어요.

미군은 어재연의 대장 깃발을 빼앗아 인천 앞바다에 정박 중이던 군함으로 돌아갔어요. 미군은 해변에 장대를 세우고 조약을 맺자는 편지를 매달았어요. 그러나 흥선 대원군은 통상 수교를 반대하는 입장을 바꾸지 않았어요. 결국 미군은 조선 땅에서 아무것도 얻지 못하고 물러가야 했어요. 흥선 대원군은 미군을 '우리 영토를 침입한 해적'으로 규정하고, 조선 사람이라면 어떤 서양 오랑캐와도 맞서 싸우라고 명령했어요.

"대원위 분부다! 종로 한복판은 물론이고 전국 각지에 ※척화비를 세워 자손들에게 경계심을 주어라."

※ **척화비**
외국 세력을 배척하자는 뜻으로 세운 비석이에요. '서양 오랑캐가 침범하는데 싸우지 않으면 화해하자는 것이요, 화해를 주장하면 나라를 파는 것이다.'라는 뜻의 한자가 적혀 있어요.

마침내 문을 연 조선

왕보다 강력한 힘을 자랑했던 흥선 대원군의 좋은 시절은 오래가지 않았어요. 백성들은 왕도 아니면서 나랏일을 호령하는 흥선 대원군을 나쁘게 생각했어요. 흥선 대원군이 왕실의 권위를 세우기 위해 임진왜란 때 불탄 경복궁을 중건한다며 백성에게 강제로 일을 시키고, 화폐를 마구 발행해서 경제를 어지럽게 한 것이 큰 이유였어요.

아들인 고종도 아버지의 그늘에서 벗어나 스스로 정치를 펼치겠다며 반기를 들었어요. 흥선 대원군은 정치에서 물러났고 고종은 외국과 조약을 맺으며 나라의 문을 열었어요. 조선이 처음으로 조약을 맺은 나라는 이양선을 타고 와서 끈질기게 통상을 요구하던 서양이 아니라 일본이었어요.

일본은 운요호 사건을 핑계로 조약을 요구했어요. 1875년 일본 군함인 운요호가 강화도에 나타나 불법으로 측량을 할 때 조선은 대포를 쏘며 경고했어요. 운요호도 대포를 쏘며 맞서는 바람에 충돌이 일어났고 조선이 큰 피해를 입었어요. 그런데도 일본은 오히려 조선에게 책임을 지라며 개항을 요구했어요. 1876년 결국 조선은 일본과 *강화도 조약을 맺었어요. 이 조약은 두 나라가 동등하게 맺은 조약이 아니라 일본에게 유리한 내용으로 가득찬 불평등 조약이었어요.

"항구와 가까운 곳에서 외국인을 보면 당연한 일로 여겨라. 외국과 수호를 맺었으니 전국에 세운 척화비는 모두 뽑아 버려라!"

외국과 통상을 시작한 고종은 이런 명령을 내렸어요. 흥선 대원군은 아들인 고종과 사사건건 맞서며 원수처럼 으르렁거렸어요. 아들과의 세력 다툼 속에서 청나라에 납치당하기도 했어요.

그곳에서 흥선 대원군은 한 중국인에게 이렇게 이야기했다고 해요.

"서양을 무조건 배척하는 건 옳지 않은 것 같소. 좋은 점은 인정하고 서로 친하게 지내면서 협의하는 게 안전한 방법이지."

흥선 대원군이 이것을 조금 일찍 깨달았다면, 병인양요나 신미양요가 끝나고 외국과 동등한 위치에서 조약을 맺었다면 조선은 어떻게 달라졌을까요?

※ **강화도 조약**
강화도 조약은 모두 12개 조항으로 이루어졌는데, 대부분 일본에만 유리한 내용이었어요. 조선의 항구만 개방하는 것이었고 일본인은 개방한 항을 마음대로 이용할 수 있었어요. 일본인은 조선에서 죄를 지어도 조선 법으로 처벌을 받지 않고, 조선의 바다를 마음대로 측량할 수 있었어요. 또 무역 상품에 부과하는 관세를 내지 않았어요. 관세가 없으니 일본은 우리나라에서 싼값에 물건을 팔 수 있었고, 우리나라 상인은 피해를 볼 수밖에 없었어요.

나라 안팎으로 어지럽던 조선 후기

70대 의병장 최익현 인물 수첩

최익현은 흥선 대원군과 마찬가지로 외국과의 통상 수교를 반대한 대표적인 사람이었어요. 그러나 흥선 대원군의 잘못된 정치를 거침없이 비판하는 상소를 올려 흥선 대원군의 미움을 샀어요.

고종이 일본과 강화도 조약을 맺었을 때에도 최익현은 반대하는 상소를 올렸어요. 일본의 강요로 맺은 조약인 데다 우리가 일본에 파는 물건은 생필품이어서 문제가 많다고 주장했어요. 생필품을 내다 팔면 정작 국내에는 물건이 부족해 백성들이 곤란을 겪을 테니까요. 최익현의 걱정은 사실로 드러났어요. 일본이 쌀을 마구잡이로 수입하면서 국내에 쌀이 모자라 백성들이 큰 피해를 보았어요.

1895년, 정부가 상투를 자르라는 단발령을 내렸을 때에도 최익현은 강하게 반발했어요.

"내 머리를 자를 수는 있어도 머리카락은 자를 수 없다!"

이것이 최익현의 주장이었어요.

세월이 흘러 1905년, 일본은 총칼을 앞세워 강제로 을사늑약을 맺고 우리나라의 외교권을 빼앗았어요. 이때 최익현은 74세의 나이로 의병장이 되었어요. 일본은 최익현을 체포해 대마도로 귀양을 보냈고, 최익현은 그곳에서 풍토병에 걸려 숨을 거두었어요.

사랑방에서 피어난 개화사상

_김옥균

김옥균(1851~1894)은 서울 북촌에서 청년 시절을 보낼 때 높은 벼슬을 지낸 박규수, 역관 오경석, 의원 유홍기, 스님 이동인 등과 사귀며 개화사상에 눈을 떴어요. 과거에 급제해 벼슬에 나간 뒤 개화에 관심 있는 사람들을 모아 개화당을 만들었어요. 왕에게 건의해 여러 가지 개화 정책을 펼쳤지만 청나라와 일본의 세력 다툼 속에서 마음대로 뜻을 펴기가 어려웠어요. 하루 빨리 나라를 근대화하겠다는 생각으로 갑신정변을 일으켰지만 실패하고 일본으로 망명했어요.

탕! 탕! 탕!

1894년 3월, 청나라 상하이에 있는 일본 여관 2층에서 총소리가 났어요. 사람들은 어디선가 불꽃놀이를 하는 줄 알았지만, 그 소리는 김옥균을 쓰러뜨린 총성이었어요. 총을 쏜 사람은 일본에서 김옥균과 함께 온 홍종우였어요.

프랑스 유학생이던 홍종우는 조선으로 귀국하던 길에 일본에 들러 김옥균에게 접근했어요. 김옥균에게 프랑스 이야기를 들려주며 친해진 다음, 김옥균을 청나라에 오게 만든 사람이에요.

"홍종우가 좀 이상해요. 부디 조심하세요."

상하이에 살던 윤치호가 김옥균을 만나러 와서 귀띔해 주었지만 김옥균은 고개를 저었어요.

"이상할 게 뭐가 있나? 그는 내 수행원일 뿐이야."

일본에 있을 때에도 김옥균은 청나라에 가지 말라는 주위 사람의 충고를 듣지 않았어요.

"청나라에 가면 당신은 붙잡힐지도 몰라요. 만약 조선으로 돌려보내지면 목숨이 위태로울 텐데 어쩌려고 거길 가시오?"

"호위하는 사람이 아무리 많아도 죽을 때가 되면 죽는 게 사람의 운명이지요. 호랑이 굴에 들어가야 호랑이 새끼를 얻을 테니 나는 청나라행 배를 타겠소."

김옥균은 태연하게 대답했어요. 결국 제 발로 호랑이 굴에 들어간 김옥균은 호랑이 새끼를 얻는 대신 목숨을 잃고 말았어요.

박규수의 사랑방에 모인 청년들

"자네, 혹시 박규수 대감을 한 번 찾아뵙지 않겠나?"

김옥균의 나이가 스무 살일 무렵, 한 친구가 이런 제안을 했어요. 박규수는 연암 박지원의 손자로 높은 벼슬에 올라 있었어요.

"박규수 대감을 찾아뵈라니? 이유가 뭔가?"

김옥균의 물음에 친구가 대답했어요.

"대감께서 자네처럼 총명한 젊은이들과 세상 돌아가는 이야기를 나누고 싶어 하신다네."

김옥균은 박규수를 찾아갔어요. 박규수는 벽장 속에서 지구의를 꺼내 보여 주었어요.

"이건 내 할아버지께서 청나라에서 가져오신 것일세. 내가 자네에게 한 가지만 물어봄세. 자네는 세계의 중심이 어디라고 생각하는가?"

"그야 중국이지요."

박규수는 지구의를 손으로 돌려 미국이 가운데로 오게 만들었어요.

"그렇다면 여길 보게. 세상의 중심이 어디인가? 지금은 미국이 중심에 있지 않은가?"

김옥균이 대답을 하지 못하자 박규수가 빙그레 웃으며 말했어요.

"지구의를 어떻게 돌리느냐에 따라 중심은 바뀌게 되어 있네. 지구의를 돌려 조선이 가운데로 오게 만들면 우리가 곧 세계의 중심이 되는 거야. 중국만이 세계의 중심이라는 생각은 버려야 하지 않겠나?"

김옥균은 망치로 머리를 한 대 얻어맞은 기분이었어요. 그때까지 조선 사람들은 중국을 세계의 중심에 있는 큰 나라로 여기며 높여 왔어요. 새로운 사상에 관심이 많았던 김옥균마저 그 생각에서 벗어나지 못했어요. 그런데 조선도 세계의 중심이 될 수 있다는 말에 새로운 세상이 열리는 것 같았어요.

그날부터 김옥균은 박규수의 사랑방에 드나들기 시작했어요. 한 동네에 사는 젊은 양반인 홍영식, 박영효, 서광범 등도 만났어요. 김옥균은 그들과 금세 친구가 되었어요. 김옥균과 친구들은 양반을 비판한 연암의 글을 읽으며 평등사상을 깨우쳤어요. 통역을 하는 역관이던 오경석이 청나라에서 들여온 《해국도지》를 함께 읽으며 세계 여러 나라의 지리와 역사와 새로운 문물을 익혔어요. 패기 넘치는 젊은 양반들은 점차 *개화사상에 눈을 뜨게 되었어요.

김옥균은 22세에 과거에서 장원 급제를 하고 벼슬에 올랐어요. 이 무렵부터 김옥균은 개화를 통해 나라를

※ **개화사상**
개화사상은 외국의 앞선 문물을 받아들여서 나라를 발전시켜야 한다는 생각이에요. 이런 생각을 가진 사람을 개화파라고 해요. 개화파 가운데에서도 김옥균과 친구들은 서양의 문물을 적극 받아들여 하루 빨리 근대 국가를 만들어야 한다고 주장했어요. 이런 사람들을 급진 개화파라고 불러요. 급진 개화파는 1884년 갑신년에 갑신정변을 일으켰어요.

바꿀 동지들을 모았어요. 모인 이들은 스스로를 개화파라고 부르고 개화당을 만들었어요. 김옥균은 신분의 높고 낮음을 가리지 않고 여러 사람을 개화당으로 불러 모았어요. 왕족과 지체 높은 양반, 중인, 하인 등 신분에 상관없이 다양한 사람이 개화당에 가담했어요. 일본 유학생이나 일본 군사 학교를 나온 젊은이도 있었어요. 그 가운데 궁녀였던 고대수는 궁궐의 은밀한 정보를 김옥균에게 알려 주었어요.

임오군란으로 꺾인 날개

'책으로 만나는 세상은 이렇게 넓고 다양한데, 내 두 눈으로 이웃 나라조차 직접 볼 수 없으니 참으로 답답한 노릇이야.'

새로운 지식을 알면 알수록 궁금증은 커졌어요. 김옥균은 새로운 문물을 직접 경험해 보고 싶었어요. 일본은 *메이지 유신으로 사회를 개혁하고 서양의 과학 기술과 문화를 받아들이며 강한 나라로 성장하고 있었어요. 이 때문에 김옥균은 일본을 높이 평가했어요.

'서양의 여러 나라는 수백 년에 걸쳐 개화했는데 일본은 짧은 시간에 발전을 이뤄 냈어. 정말 대단한 나라가 아닌가!'

* **메이지 유신**
메이지 유신은 일본이 근대화로 나가는 데 큰 역할을 했던 사회적인 변화를 말해요. 무사들이 정권을 잡고 있던 1860년대, 일본도 서양의 압력을 받으며 불평등한 조약을 맺었어요. 여기에 불만을 가진 세력이 무사 정권을 무너뜨리고, 왕을 내세워 헌법을 만들고 서양 문물을 받아들였어요. 일본은 메이지 유신을 통해 근대 국가로 발전할 수 있었어요.

마침내 김옥균에게 좋은 기회가 왔어요. 1881년 겨울에 왕의 허락을 받고 비밀리에 일본에 가게 되었어요. 일본의 기계를 구입하거나 기술을 배울 수 있는지 알아보기 위해서였어요. 일본 신문은 김옥균의 방문을 큰 기사로 다루었지요.

'조선 개화당의 우두머리 김옥균이 일본에 온다.'

김옥균은 6개월여 동안 여러 곳을 둘러보며 일본이 얼마나 발전했는지, 어떻게 발전했는지 살폈어요. 일본 정치인과도 사귀며 동아시아의 근대화를 주제로 많은 이야기를 나누었어요.

그런데 조선에 돌아오려고 시모노세키에 왔을 때 누군가가 뜻밖의 소식을 들려주었어요.

"조선에서 군인들이 난을 일으켜서 *왕후가 돌아가셨다고 합니다. 여기 일본 신문에도 나왔어요."

**임오군란이 일어났다는 소식이었어요. 왕후의 죽음은 헛소문이었지만 김옥균은 나라에 큰일이 일어난 것을 슬퍼하며 부랴부랴 조선으로 돌아왔어요.

그때 조선은 왕후와 왕후의 친척 민씨들이 권력을 마음대로 휘두르며 개화에 앞장서고 있었어요. 구식 군대는 민씨의 대표인 왕후에게 불만을 품고 궁궐에 침입했어요. 위기를 느낀 왕후는 궁녀로 변장하고 멀리 도망쳤

---

* **왕후**
고종의 왕비인 명성왕후를 가리키는 말이에요. 고종이 황제가 되고서 죽은 왕비를 명성황후로 높여 주었지만 살아 있을 때는 왕의 비, 즉 왕후였어요.

** **임오군란**
개화파가 정치에 나서며 새로 생긴 제도 가운데 하나가 별기군이에요. 일본인에게 훈련받은 신식 군대였어요. 조정은 별기군을 신설하며 구식 군대의 규모를 줄였어요. 일자리를 잃은 군인이 생겨났고, 그나마 자리를 지킨 군인도 월급을 제때 받지 못했어요. 구식 군대가 별기군과의 차별 대우에 불만을 품고 일으킨 난이 임오군란이에요.

어요.

 사태가 걷잡을 수 없게 커지자 고종은 아버지인 흥선 대원군에게 임오군란을 처리해 달라고 부탁했어요. 정치에서 뒤로 물러나 있던 흥선 대원군은 권력을 다시 잡고 별기군을 폐지하는 한편 개화파가 했던 일을 없애고 옛날로 돌아가려 했어요. 그러자 흥선 대원군과 권력을 다투던 왕후가 가만있지 않았어요. 청나라에 연락해 군대를 보내 달라고 요청했어요.

 조선 땅에 발을 디딘 청나라 군대는 왕후와 손잡으면 조선을 마음대

로 주무를 수 있다고 생각하고, 걸림돌이 되는 흥선 대원군을 납치해 청나라에 감금했어요.

임오군란은 김옥균과 개화파의 날개를 꺾는 일이 되고 말았어요. 임오군란이 마무리되었는데도 청나라 군대가 떠나지 않고 조선의 정치와 외교에 간섭했기 때문이에요. 청나라는 온갖 횡포를 부렸어요. '조선은 중국의 속국'이라는 방을 숭례문에 붙이고 고종에게는 '청나라 군 3천 명이 조선에 와 있으니 배신하지 마라.'고 협박했어요. 청나라는 일본과 친한 개화파를 탄압하는 일에도 앞장섰지요.

청나라 덕분에 다시 권력을 잡은 왕후와 민씨들은 모르는 척 눈을 감았어요. 오히려 청나라에 기대어 개화파의 일을 방해했어요. 김옥균은 탄식하며 친구들에게 하소연했어요.

"서양의 힘센 나라는 모두 독립 국가야. 그런데 우리는 청나라의 속국에서 벗어나지 못하고 있으니 부끄러운 일이 아닌가! 더욱이 왕족인 흥선 대원군까지 청나라에 납치되었으니 이런 치욕이 어디 있나? 그런데도 민씨들은 권력 욕심만 부리고 있으니, 우리가 저 몹쓸 귀족들의 권력을 빼앗고 청나라를 몰아내서 자주독립을 이루어야 하지 않겠나!"

김옥균과 흥선 대원군은 개화에 대해 서로 다른 입장을 가지고 있었

어요. 그래서 평소에 서로 못마땅해 하는 사이였지만 김옥균은 왕족이 남의 나라에 끌려간 것이 마음에 걸렸어요. 김옥균은 권력 욕심 때문에 이랬다저랬다 하는 민씨들도 이해할 수 없었어요.

　결국 김옥균과 개화파 친구들은 힘을 잃고 한가한 벼슬자리로 밀려났어요. 김옥균은 '동남제도개척사'라는 이름도 낯선 벼슬을 받고, 태종 때부터 사람이 살지 않았던 울릉도에 사람을 이주시키는 일을 했어요. 또 일본에 가서 울릉도에서 나는 해산물과 고래, 나무를 판매할 방법

이 있는지 알아보았어요. 그러나 김옥균의 노력은 결실을 맺지 못했고, 조정에 있는 사람들은 김옥균을 비아냥거렸어요.

"김옥균은 집 밖으로 나오지도 않으면서 입으로만 고래를 잡는다지."

개화파의 비밀 계획

권력을 움켜쥔 민씨들과 개화파 사이의 갈등은 점점 커졌어요. 갈등의 한복판에는 민영익이 있었어요. 민영익은 왕후의 조카로 개화파 사람이었는데, 언제부터인가 개화파와 대립하기 시작했어요. 민영익뿐 아니라 개화파의 중요한 비밀을 알고 있는 몇몇 사람도 등을 돌렸어요. 김옥균과 개화파들은 불안한 마음을 감출 수가 없었어요.

"지금 조정에는 개화파가 몇 명 없고 모두가 민씨 세력뿐이야. 이러니 어찌 개화가 제대로 이루어지겠나? 조선의 앞날이 캄캄하구먼."

개화파의 앞날도 캄캄하기는 마찬가지였어요. 김옥균과 박영효, 홍영식, 서광범, 서재필은 자주 모여 의논한 끝에 비상수단을 쓰기로 결심했어요.

"평화적인 방법으로 노력을 했지만 좋은 결과를 얻기는커녕 우리가 죽을지도 모를 위기에 몰렸어. 앉아서 죽음을 기다릴 것이 아니라 무력을 써서라도 뭔가를 해야 해."

"좋아요. 조선이 독립 국가가 되려면 정치와 외교가 강해야 하는데, 정치인들은 청나라에 의지해서 권력만 탐하고 있어요. 저런 자들은 모두 몰아내야 돼요."

개화파들은 원하는 사회를 만들려면 무력을 써서라도 정권을 잡아야 한다고 결론 내렸어요. 무력을 쓴다는 것은 걸림돌이 되는 누군가를 해치우겠다는 말이었지요.

"민영익이 제일 문제예요. 배신을 한 것도 모자라 간신 노릇까지 하는 민영익을 없애 버립시다!"

마침 돌아가는 형세도 개화파에게 유리했어요. 개화파를 반대하는 청나라가 베트남을 두고 프랑스와 전쟁을 벌이느라 조선에 있던 군사의 절반을 베트남으로 옮겼어요. 일본 공사는 개화파의 야심을 알아채고 개화파에게 은밀히 접근해 부추겼어요.

"이번 전쟁으로 청나라는 분명 망할 테니 조선의 개혁가들은 좋은 기회를 놓치지 마시오."

일본 공사는 군사와 돈을 지원하겠다고 약속했어요. 모든 일이 개화파에게 유리하게 흘러가는 것 같았어요.

3일 천하, 갑신정변

개화파는 비밀 거사 계획을 세웠어요.

거사일은 갑신년 1884년 10월 17일(양력으로 12월 4일).
장소는 낙성식이 열리는 *우정국.
암호는 천(天).

※ **우정국**
우정국은 우편 제도를 관리하는 관청으로 개화파의 중심인물인 홍영식이 책임자였어요. 개화파들은 여러 가지 근대적인 제도를 도입하며 우편 제도를 실시했어요. 건물이 완성된 것을 축하하는 잔치인 낙성식에서 갑신정변(갑신년에 일어난 정치 변동이라는 뜻)이 일어나자, 고종은 화가 나서 우편 업무를 중단시키고 우정국의 문도 닫았어요.

방법은 민영익과 반대파를 제거하고 궁궐에 불을 내 임금을 빼돌리기. 궁극적인 목표는 개혁 정부를 세우는 일.

첫째 날 밤, 우여곡절 끝에 개화파의 정변은 성공했어요. 민영익은 칼에 맞아 큰 부상을 입었고 개화파에 반대하는 여러 관리들이 목숨을 잃었어요. 개화파는 고종을 경우궁으로 빼돌렸고, 일본군이 궁궐을 둘러쌌어요.

둘째 날 아침, 개화파들은 새로운 정부를 세우고 관리를 임명했어요. 김옥균은 일부러 낮은 벼슬에 올랐어요. 권력

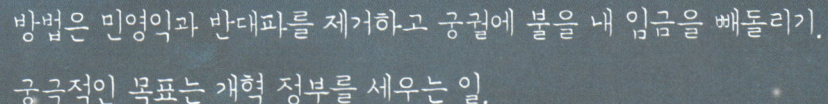

에 욕심이 없다는 것을 내세우기 위해서였어요.

셋째 날 아침, 김옥균과 개화파는 밤새 회의를 해서 새로운 정부가 앞으로 해 나갈 정책을 내놓았어요. 청나라의 간섭에서 벗어나 완전한 독립을 이루고, 양반 제도를 없애 모든 사람의 평등한 권리를 보장하고, 탐관오리를 제거하고 세금 제도를 개혁한다는 내용 등이 담겨 있었어요. 지체 높은 양반 신분인 김옥균과 개화파들이 백성을 헤아린 정책은 혁신적이었어요. 그러나 백성은 김옥균의 마음을 알아주지 않았어요. 임금을 빼돌렸다며 오히려 분노했어요.

셋째 날 오후, 청나라 군대가 몰려왔어요. 정변을 부추긴 일본은 청나라와의 충돌을 피하려고 재빨리 태도를 바꾸었어요. 모든 상황이 바뀌고 말았어요.

정변을 이끈 다섯 사람 가운데 홍영식은 끝까지 고종을 보호하다 청나라 군사에 죽임을 당했어요. 김옥균, 박영효, 서광범, 서재필은 일본의 우편선 밑에 숨어 일본으로 망명했어요.

10월 17일, 한밤중에 들어섰던 김옥균의 개혁 정부는 19일 밤에 처참하게 끝이 났어요. 그래서 갑신정변을 '3일 천하'라고 불러요.

"일본은 동방의 영국 노릇을 하는데 우리는 아시아의 프랑스가 되어야 하지 않겠나?"

김옥균은 평소에 이런 말을 자주 했어요.

일본이 영국처럼 힘센 근대 국가로 발돋움하고 있으니 우리나라도 영국의 이웃인 프랑스처럼 강해져야 한다는 뜻이었어요. 그러나 강한 나라를 만들고 싶었던 김옥균의 바람은 뜻대로 이루어지지 않았어요. 나라의 이익에 따라 손쉽게 입장을 바꾸는 일본을 믿은 게 가장 큰 실수였는지도 몰라요.

조선 정부는 일본에 망명해 있는 김옥균을 없애려고 갖은 방법을 다 썼어요. 김옥균은 더 이상 버티기가 힘들었어요. 청나라의 정치인을 만나 자신의 앞날을 걸고 담판을 짓겠다고 결심했어요.

'그를 설득해서 내 편으로 만든 다음 그의 도움을 얻어 조선으로 돌아갈 거야.'

김옥균은 조선에 돌아가리라는 희망을 가졌어요. 그 희망이 바로 청나라에서 찾으려던 호랑이 새끼였을 거예요. 그러나 김옥균의 운명은 홍종우의 손에서 끝이 나고 말았어요.

개화파는 어떤 일을 했을까?

개화사상의 선구자 박규수, 오경석, 유홍기

조선에서 개화를 가장 먼저 주장한 사람은 누구일까요? 바로 박규수, 오경석, 유홍기예요. 박규수는 1866년 평안도 관찰사로 있을 때, 통상을 요구하던 제너럴셔먼호를 공격해 물리쳤어요. 그러나 통상 수교를 반대하던 흥선 대원군과는 달리 외국의 새로운 문물에 관심이 많았어요. 침몰한 제너럴셔먼호에서 대포와 기계 장치를 건져 연구를 하기도 했어요.

박규수는 일찍이 청나라에 사신으로 갔을 때 외세의 침략에 흔들리는 청나라를 보았어요. 그 모습을 보고 조선이 살 길은 서양의 과학 기술을 받아들이는 것이라고 생각했어요. 그 뒤 젊은 양반인 김옥균과 그 친구들을 사랑방에 불러들여 개화사상을 가르쳤어요.

한편 역관인 오경석과 의원인 유홍기는 친구 사이로, 양반과 평민의 중간 신분인 중인이었지만 개화를 통한 사회 변화에 관심이 많았어요. 오경석은 청나라에 갈 때마다 《해국도지》와 같은 세계 지리서를 가져와 유홍기에게 보여 주었어요. 두 사람은 조선이 근대화하려면 젊은 양반들이 개화사상에 눈뜨는 게 우선이라고 생각했어요. 언젠가 젊은 양반들이 관직에 나가 개화 정책을 펼친다면 사회가 변화할 것이라고 믿었지요. 김옥균은 유홍기 등과 사귀며 새로운 사상을 깨우쳤어요.

나라 사랑 굳은 마음
그 누가 알아줄까? _전봉준

전봉준(1855~1895)은 전라도 고부에서 태어나 농사를 조그맣게 지으며 밤에는 동네 아이들에게 한문을 가르쳤어요. 양반 가문에서 태어났지만 오랫동안 벼슬에 나가지 않았고, 살림이 가난해서 힘없는 일반 백성의 처지와 다르지 않았어요. 고부에서 동학의 지도자인 접주가 되었고, 탐관오리의 잘못을 바로잡기 위해 일어난 동학 농민 운동을 이끌었어요. 일본이 우리 궁궐에 몰래 침입해 난동을 피우고 나랏일에 간섭하자 일본과 싸우기 위해 또다시 일어났지요.

"피고는 무슨 일을 하느냐?"

"그냥 선비요."

"작년에 고부(지금의 전라북도 정읍)에서 사람들을 불러 모은 이유가 무엇이냐?"

"고부 군수가 세금을 지나치게 거두는 바람에 백성들이 원통해하고 힘들어하니 함께 일어선 것이오."

1895년 2월, 한 조선 남자가 일본 영사관에서 심문을 받고 있었어요. 모진 고문으로 몸을 제대로 가누지 못했지만 눈빛만은 또렷했어요. 조정에서는 이 남자를 '비적의 괴수(도적 떼의 우두머리라는 뜻)'라고 불렀지만 백성들은 '녹두 장군'이라고 불렀어요. 녹두 장군의 이름은 전봉준이었어요.

고부 관아를 점령하다

"났네, 났네! 난리가 났어!"

"차라리 잘되었지. 그냥 이대로 지내면 백성이 한 사람이라도 살아 있겠나?"

1893년 겨울 무렵, 고부 사람들은 모이기만 하면 이런 이야기를 주고받았어요. *동학교인들이 일어나 탐관오리를 벌준다는 소문에 들썩이고 있었던 것이지요.

고부 사람들은 탐관오리의 횡포 때문에 고통이 이만저

※ **동학**
동학은 조선 후기 나라의 기강이 어지럽고 외국의 세력들이 밀려올 때 최제우가 새롭게 만든 종교예요. 사람이 곧 하늘이며 모든 사람은 평등하다는 사상을 내세웠기 때문에 힘없는 백성들의 큰 지지를 받았어요.

만이 아니었어요. 군수인 조병갑, 토지를 관리하라고 조정에서 파견한 균전사, 세금으로 거둔 쌀을 서울로 운반하는 전운사 같은 관리들이 모두 백성을 쥐어짰어요. 얼토당토않은 이유를 붙여 세금을 거두고 말도 안 되는 죄를 뒤집어씌워 재물을 빼앗았어요.

"나리. 몇 해째 흉년이 들어 사는 게 말이 아니니 제발 형편을 헤아려 주십시오."

사람들이 관아에 찾아가 몇 번이나 사정했지만 관리들은 들은 척도 하지 않았어요. 오히려 옥에 가두거나 매를 때려 죽게 만들었어요. 전봉준의 아버지도 마을 사람들을 대표해 관아에 사정하러 갔다가 매를 맞아 죽었어요. 백성의 불만은 차곡차곡 쌓였고 마침내 터질 지경에 이르렀어요.

이때 탐관오리의 잘못을 바로잡자며 일어선 사람들이 바로 동학교인이었어요. 그 가운데 전봉준이 있었어요. 전봉준은 일을 처리하는 데 막힘이 없고 지략이 뛰어나 무리에서 앞장을 서게 되었어요.

1894년 2월 15일(*음력 1월 10일), 고부의 말목 장터에 있는 감나무 밑에 사람들이 몰려들었어요.

"여러분!"

전봉준이 쩌렁쩌렁한 목소리로 연설을 했어요.

※ **음력 1월 10일**
동학 농민 운동이 일어났던 1894년에 조선은 음력 달력을 사용했어요. 그러나 이번 장에서는 양력 날짜를 쓰고 뒤에 음력 날짜를 쓰는 것으로 통일했어요. 우리나라가 양력 달력을 쓰기 시작한 때는 1896년이에요.

"고부 군수 조병갑은 백성을 돈이나 내놓는 주머니로 알고 있어요. 온갖 억지를 부려 세금을 뜯어 가니 어찌 백성이 맘 편히 살 수 있겠소? 우리의 힘으로 잘못을 고치고 나라와 백성을 편안하게 만듭시다. 고부 관아로 가서 조병갑의 잘못을 낱낱이 따져 봅시다!"

사람들은 함성을 지르며 고부 관아로 갔어요. 그러나 조병갑이 담장을 넘어 도망치고 난 뒤였어요. 고부 사람들은 아무 저항도 받지 않고 관아로 들어갔어요.

"옥문을 열어 억울하게 갇힌 사람을 풀어 줍시다!"

"창고를 열어 우리가 빼앗긴 쌀을 되찾아 갑시다!"

사람들은 창고 안의 쌀을 원래 주인에게 나누어 주며 그동안의 울분

　을 달랬어요. 한 달이 지난 뒤에는 모인 사람들이 하나둘 흩어지며 사태가 진정되고 있었어요. 그런데 사그라지던 불씨에 기름을 붓는 일이 일어났어요. 조정에서 사태를 조사하라고 보낸 관리가 관아에 몰려갔던 사람을 가려낸다며 동학교인을 가혹하게 탄압했어요. 동학교인이면 잘못이 없는데도 잡아 가두고, 집을 불태우고 재산을 빼앗고 가족까지 괴롭혔어요. 고부는 그야말로 쑥대밭이 되었어요. 사람들은 또다시 분노했어요.

　전봉준은 부하를 데리고 고부를 떠나 무장(지금의 전라남도 고창)으로 갔어요. 그곳의 동학 접주인 손화중, 태인(지금의 전라남도 정읍)의 동학 접주인 김개남 등과 만나 앞으로의 일을 의논했어요.

※ 통문

통문은 여러 사람에게 중요한 일을 알릴 때 쓰던 문서예요. 동학 농민 운동 때도 통문을 자주 사용했는데 알리는 사람의 이름을 그릇 모양으로 둥글게 썼어요. 이것을 사발통문이라고 해요. 사발이란 사기로 만든 그릇을 말해요. 사발통문을 쓴 이유는 일에 앞장선 사람이 누구인지 모르게 하려는 의도였어요.

※※ 4대 행동 규칙
1. 사람을 함부로 죽이지 말고 가축을 잡아먹지 마라.
2. 충효를 다하여 세상을 구하고 백성을 편안케 하라.
3. 일본 오랑캐를 몰아내고 나라의 정치를 바로잡는다.
4. 군사를 이끌고 서울로 쳐들어가 권세 있고 지위가 높은 사람을 없앤다.

전주성으로 가는 길

"우리가 힘을 합쳐 탐관오리를 벌주고 백성이 편안한 세상을 한번 만들어 봅시다."

전봉준, 손화중, 김개남, 세 사람은 뜻을 모으고 인근 지역의 동학교인에게 ※통문을 돌렸어요.

'우리는 비록 시골에 사는 백성이지만 나라를 지키고 백성을 편안케 하기로 맹세했소. 고부에 있는 백산에 모여 의로운 뜻을 함께 펼칩시다.'

전라도 각지에서 머리에 하얀 두건을 두른 사람들이 백산으로 모이기 시작했어요. 무리 사이에서 '보국 안민 창의'라는 커다란 깃발이 펄럭였어요. 나라를 보호해 지키고 백성을 편안하게 한다는 뜻이었어요. 나팔을 불고 북을 두드리며 백산에 모인 사람이 8천여 명이나 되었어요.

이들은 고부 관아를 찾아갈 때와 달리 어엿한 군대의 모습이었어요. 무기로는 대나무를 깎아 만든 죽창과 화살, 낡은 화승총이 전부였지만 군대라면 지켜야 할 ※※4대 행동 규칙과 12가지 규율도 정했어요. 군대를 지휘할 대장으로 전봉준, 총관령으로 손화중, 김개남을 뽑았어요.

조정에서는 동학 농민군이 일어났다는

소식을 듣고 대책을 마련하느라 분주했어요. 조정 대신들은 모든 일을 동학 탓으로 돌렸어요.

"백성들이 소란을 일으키는 것은 관리들의 잘못도 있지만 동학의 무리들이 기회를 보고 세력을 뻗치기 때문입니다. 두목을 잡아 처단하면, 어쩔 수 없이 가담한 백성은 돌아가 농사를 지을 것입니다."

조정은 동학 농민군을 진압하기 위해 군대를 파견했어요. *전라 감영도 군사를 출동시켰어요. 동학 농민군과 관군의 전투는 피할 수 없게 되었어요.

동학 농민군과 관군은 고부 황토산에 있는 고개인 황토재와 장성의 황룡강 인근에서 두 번이나 큰 전투를 벌였어요. 두 싸움에서 동학 농민군은 관군을 크게 무

※ **전라 감영**
전라 관찰사가 머물던 관청으로 전주에 있었어요. 오늘날의 도청에 해당해요. 감영은 군사를 둘 수 있고 재판을 열 수도 있었어요.

찔렀어요. 사기가 오른 동학 농민군은 내친 김에 전라 감영이 있는 전주성까지 가기로 했어요.

동학 농민군은 전주로 가는 길에 여러 고을에서 백성의 환영을 받았어요. 그럴 수밖에 없는 것이 동학 농민군은 백성을 대하는 태도가 관군과 크게 달랐어요. 관군은 백성의 가축을 약탈하고 백성에게 횡포를 부렸지만 동학 농민군은 백성의 무거운 짐을 대신 들어주거나 밭에 쓰러진 보리를 세워 주기도 했어요. 백성들은 동학 농민군에게 밥이 든 광주리를 가져다주었고 밤이면 잠자리를 내주었어요. 백성은 완전히 동학 농민군 편이었어요.

한편 감영의 관리들은 동학 농민군이 온다는 소식에 도망치기 바빴어요. 전봉준은 농민군을 거느리고 무사히 전주성에 들어가서 전주 사람을 모아 놓고 큰 소리로 외쳤어요.

"우리는 백성과 나라를 위해 일어났으니 선량한 백성은 겁먹지 마시오. 하지만 탐관오리들은 잘못을 뉘우치지 않으면 벌을 피하지 못할 것이오!"

전투를 멈춘 약속

동학 농민군이 관군을 무찌르고 전주성까지 점령하자 조정은 깜짝 놀랐어요. 대신들은 강력한 대책이 있어야 한다고 주장했어요.

"우리나라 군대로는 미친 벌 떼 같은 도적들을 진압할 수가 없어요. 하루 빨리 청나라 군대의 힘을 빌려 농민군을 무찔러야 합니다."

이 같은 주장에 반대하는 관리도 있었어요.

"외국 군대가 들어오면 백성들이 불안해하고, 농민군도 목숨을 잃을 테니 어찌 좋은 방법이라 할 수 있겠습니까?"

그러나 조선 정부는 끝내 청나라에 군대를 요청했어요. 그러자 일본도 군대를 파견하겠다고 통보했어요. 일본은 조선 정부의 반대에도 아랑곳하지 않았어요.

"조선에 전쟁이 일어나면 우리 일본 상인과 외교관이 위험하니 일본 군대가 나서서 보호하려는 것이오."

일본은 이런 핑계를 댔지만 속셈은 딴 데 있었어요. 청나라가 조선과 가까워지는 것을 막아야 했던 것이지요.

한편 전봉준도 청나라 군대가 들어온다는 소식을 들었어요. 전봉준은 고민에 빠졌어요. 전주성에 들어온 뒤 날마다 전투를 벌이느라 농민군은 크게 지쳐 있었어요. 희생자가 많이 생겼고 농민군의 사기는 땅에 떨어졌어요. 전봉준마저 왼쪽 허벅지에 총상을 입었어요. 더욱이 농촌에서는 보리를 베고 모내기를 할 때라 농민군은 하나같이 고향 걱정을 했어요. 전봉준은 모두를 위해 중요한 결정을 내렸어요.

"청나라 군대가 들어온다고 하니 전주성에서 잠시 물러난다. 청나라 군대가 돌아간 뒤에 뜻을 다시 세울 것이니 군사들은 다음 명령을 기다려라."

전봉준은 관군에 사람을 보냈어요. 전주성을 나가 고향으로 돌아갈 테니 길을 터 달라고 요구했어요. 폐단이 많은 정치를 개혁해 달라는

※ 집강소

집강소는 예전부터 마을의 질서를 유지하기 위해 마을 사람이 스스로 만든 곳이었어요. 동학 농민 운동이 끝나고는 폐정 개혁안을 실시하기 위해 전라도 각 고을에 집강소가 들어섰어요. 동학교인이 집강이 되어서 탐관오리를 벌주고 세금을 공평하게 매겼으며, 백성이 억울한 일을 당하지 않게 살폈어요. 집강소 설치는 농민 스스로가 정치에 앞장서 사회를 바꾸어 나갔다는 데 큰 의의가 있어요.

폐정 개혁안도 만들어 전달했어요. 폐정 개혁안을 왕에게 보고해 달라는 요구도 빼놓지 않았어요. 관군은 농민군의 제안을 들어주기로 했어요. 이것이 '전주화약'이에요.

동학 농민군은 고향으로 갔고 폐정 개혁안을 실시하기 위해 전라도 곳곳에 ※집강소를 설치했어요. 이로써 동학 농민군과 관군 사이에 벌어졌던 제1차 동학 농민 전쟁은 막을 내렸어요.

처절했던 우금치 전투

동학 농민군이 관군과 화목하게 지내자는 약속인 화약을 맺는 동안, 청나라와 일본 군대는 조선 땅에 들어와 있었어요. 조선 정부는 농민군이 스스로 물러났으니 청나라와 일본에게 모두 돌아가라고 요구했어요. 그러나 청나라와 일본은 이런 저런 핑계를 대며 오히려 군대를 더 파견했어요.

특히 일본은 청나라와 전쟁이라도 치를 각오로 조선에 온 터라 그냥 물러날 마음이 없었어요. 어떻게든 구실을 찾아 조선을 손아귀에 넣으려고 했어요. 급기야는 조선을 보호하고 정치를 개혁한다며 궁궐 문을 도끼로 부수고 들어가 왕을 가두고 일본과 친한 관리를 높은 벼슬에 앉혔어요. 그러고는 선전 포고도 하지 않은 채 청나라의 함대를 공격하며 *청일 전쟁을 시작했어요.

일본은 전쟁을 핑계로 농촌에서 식량을 걷어 갔고 조선 사람을 일꾼으로 부렸어요. 그 당시 조선 사람이라면 일본에 나쁜 감정을 가질 수밖에 없었어요. 농민군은 또다시 일어날 움직임을 보였어요.

전봉준은 병이 난 몸을 치료하며 들판의 곡식이 다 익을 때를 기다렸어요. 마침내 10월(음력 9월)이 되자, 전봉준은 전라북도 삼례에 지휘소를 설치하고 통문을 돌렸어요.

"이 땅의 살아 있는 동포에게 알린다. 우리는 왜놈을 몰아내기 위해 또다시 일어선다. 나라에 충성하는 마음이 있다면 모두 삼례역으로 모여라!"

김개남과 손화중도 휘하의 농민군에게 통문을 돌리며 본격적으로 쌀과 무기를 모았어요. 제2차 동학 농민 운동의 시작이었어요.

2차 동학 농민 운동은 1차 때와는 여러 차이점이 있었어요. 이전에는 탐관오리를 벌주기 위해 일어났지만 이번에는 목숨 걸고 나라를 지키려고 일어났어요. 또 1차 때는 전라도 지역의 동학교인이 중심이었는데, 2차 때는 황해도를 뺀 전국의 동학교인이 모두 일어났어요. 동학

※ 청일 전쟁
일본이 청나라와 전쟁을 벌인 이유는 조선을 독차지하려는 욕심 때문이었어요. 일본은 1876년 강화도 조약을 맺은 뒤부터 조선을 지배하려고 기회를 엿보았지만 청나라 때문에 쉽지 않았어요. 일본이 조선을 지배하려면 경쟁 관계인 청나라를 먼저 무너뜨려야 했어요. 일본은 이를 위해 꾸준히 전쟁 준비를 해 왔고 마침내 조선 땅에서 청일 전쟁을 일으켰어요. 이 전쟁에서 승리한 일본은 대만을 식민지로 삼는 한편 조선 침략에 한 발짝 다가섰어요. 청나라에서 받아 챙긴 막대한 전쟁 배상금으로 군사력을 키울 수도 있었지요.

교주인 최시형의 명령이 큰 작용을 했어요.

"전봉준과 협력하여 위급한 나라를 지켜야겠다. 우리 모두 힘을 합쳐 일본을 몰아내자!"

동학 농민군은 공주성으로 모이기 시작했어요. 공주성을 먼저 점령한 뒤에 수원을 거쳐 한양까지 갈 생각이었어요. 일본군과 조선 관군도 연합군을 만들어 즉시 공주로 왔어요.

1894년 11월 20일(음력 10월 23일)부터 3일간, 공주에서 동학 농민군과 일본군 사이에 치열한 전투가 벌어졌어요. 농민군은 전봉준의 지휘 아

래 용감하게 싸웠지만 신식 총으로 무장한 군인들의 상대가 될 수 없었어요. 농민군은 많은 희생자를 낸 채 새벽의 어둠을 틈타 후퇴해야 했어요.

 며칠 뒤, 전봉준은 군사들을 다시 모으고 대포를 설치하며 공주 공격에 나섰어요. 부여에서 공주로 진입하는 길목인 우금치에서 치열한 전투가 벌어졌어요. 일본군과 조선 관군은 고개에 숨어서 동학 농민군을 공격했어요.

 "왜 같은 백성끼리 총을 겨누어야 하느냐? 총부리를 일본 놈들에게 겨누어라!"

농민군이 관군을 향해 소리쳤지만 아무 소용이 없었어요.

일본군과 조선 관군은 병풍처럼 길게 늘어서서 산마루 아래쪽에 있는 동학 농민군을 향해 일제히 총을 쐈어요. 그런 뒤에 재빨리 몸을 낮추면 뒤에서 기다리던 군사가 일어나 총을 쏘았어요. 이렇게 40~50차례를 반복하니 무기라고는 죽창이나 화살뿐인 농민군은 한 번도 공격을 하지 못했어요. 우금치 전투를 시작할 때 2만 명이었던 동학 농민군은 겨우 500명만 남았어요. 동학 농민 운동 가운데 가장 치열했고 가장 뼈아프게 패배한 전투였어요.

그 뒤로도 몇 번의 전투가 있었지만 농민군은 기울어진 전쟁의 흐름을 뒤집기 어려웠어요. 수만 명의 농민군을 지휘하던 녹두 장군 전봉준도 쫓기는 신세가 되었어요. 길목마다 전봉준을 잡기 위한 방이 나붙었어요.

"전봉준을 잡아 관아에 바치는 자는 군수 자리를 주고 상금 삼천 냥을 내릴 것이다. 전봉준을 잡아서 나라의 화근을 없애라."

12월 28일(음력 12월 2일), 전봉준은 김개남을 만나려고 순창의 피로리에 갔어요. 그곳에 살던 전봉준의 옛 부하 김경천이 전봉준을 관아에 고발했어요. 전봉준은 체포되어 순창 관아에 갇혔다가 며칠 뒤에 나주를 거쳐 한양으로 끌려갔어요. 전봉준은 부상을 입은 곳이 썩어 들어가고 갖은 고문으로 정신마저 가물가물해져서 묻는 말에 대답하기도 힘든 상태였어요.

다음 해 3월(음력 2월), 재판정에 선 전봉준은 다섯 번의 심문을 거쳐 사형 판결을 받았어요. 사형을 앞둔 전봉준은 복잡한 마음을 한 편의 시로 남겼어요.

때 만나서 천지와 함께 했으나
운 다하니 영웅도 할 수 없구나
백성을 사랑한 일에 잘못은 없다
나라 사랑 굳은 마음 그 누가 알아줄까?

동학 농민 운동은 왜 일어났을까?

동학을 천도교로 바꾼 손병희

손병희는 제2차 동학 농민 운동이 일어났을 때 농민군을 이끌고 참여했어요. 전봉준과 힘을 합쳐 우금치 전투에 참가했지만, 패한 뒤에 군대를 해산하고 이리저리 피해 다녔어요.

훗날 최제우와 최시형의 뒤를 이어 동학의 3대 교주가 된 손병희는 동학을 천도교로 바꾸고 본격적인 종교로 키웠어요. 이때 '사람이 곧 하늘'이라는 '인내천'을 천도교의 중심 사상으로 재정립했어요.

동학은 그동안 우리의 전통 사상을 지키려고 했지만 천도교로 바뀐 뒤에는 서양의 앞선 사상도 받아들였어요. 근대적인 신문이나 잡지를 발행하며 사회 운동에 힘쓰기도 했어요. 어린이날을 만든 단체도 천도교예요. 천도교인이자 손병희의 사위인 방정환은 '어린이'라는 말을 만들고 어린이의 권리를 높이는 일에 앞장섰어요.

한편 손병희는 1919년 3·1 운동 때 민족 대표 33인 가운데 한 사람으로, 독립 선언서에 서명하고 태화관에서 독립 선언식을 열었어요. 3·1 운동으로 감옥에 갇혔다 풀려난 뒤에는 천도교가 벌이는 사회 운동에 힘을 보탰어요.

신문은 국가의 등불이요, 백성의 스승이라 _서재필

서재필(1864~1951)은 개화파의 한 사람으로 일본의 군사 학교를 마치고 돌아와 갑신정변에 참가했어요. 정변이 실패한 뒤 일본으로 망명했다가 곧 미국으로 건너가 낮에는 일하고 밤에는 공부했어요. 이름을 필립 제이슨으로 바꾸고 미국에 귀화해 의사가 되었어요. 고종이 갑신정변에 참가했던 사람들의 죄를 사면하고 벼슬을 줄 때 서재필에게도 기회가 찾아왔어요. 조선에 돌아와 정부의 고문으로 일하며 독립신문을 만들고 독립 협회를 만드는 데 적극적으로 참여했어요.

"갑신년 사건에 관계된 죄인들을 특별히 용서할 것이다. 죄를 모두 없애 주고 그 일로 귀양을 간 사람들도 모두 놓아 주어라!"

1894년 11월(음력), 고종은 이런 명을 내렸어요. 갑신년 사건이란 10년 전에 일어났던 갑신정변을 가리켜요. 3일 만에 정변이 실패로 끝나고 사건을 일으킨 개화파들은 역적으로 몰려 일본으로 도망쳤었지요.

"험난한 일을 두루 겪었지만 어찌 갑신년의 일만 하겠는가? 역적의 두목 김옥균은 천지개벽 이후에 가장 흉악한 자로서 오랫동안 음흉한 계략을 품어 오다가 한밤중에 불을 질렀다."

고종은 대신들 앞에서 김옥균에 대해 이런 말을 한 적이 있어요. 그런데 이 말을 하고 얼마 지나지 않아 역적의 죄를 없애 주겠다고 발표한 것이에요. 그뿐 아니라 벼슬까지 주겠다고 했어요. 어찌된 일이냐면, 친일 개화파가 다시 권력을 잡았기 때문이에요.

갑신정변의 주역들은 도망친 지 11년 만에 조선에 돌아왔어요. 그 중 한 사람이 서재필이었어요.

만 명의 스승 같은 신문

"나는 미국 사람이고 지금은 의학 공부를 해야 해서 조선의 벼슬을 할 수 없소."

조정에서 귀국을 요청했을 때 서재필은 이렇게 말하며 거절했어요. 미국에 귀화해 필립 제이슨이라는 이름으로 살던 서재필은 의사로 일하며 미국인과 결혼도 했어요. 그러나 조선 정부가 계속 부탁하자 결국은 조선에 돌아가기로 결심했어요.

　서재필의 귀국을 가장 반긴 사람은 유길준이었어요.

　"관리에 뜻이 없다고 했지? 그렇다면 정부의 고문을 맡는 게 어떻겠나? 나랏일에 조언을 해 주면서 다른 뜻깊은 일도 더 해 보고 말이야."

　유길준의 제안에 서재필이 말했어요.

　"신문을 만들어 보면 어떨까 싶어요."

　신문이라는 말에 유길준의 귀가 번쩍 뜨였어요. 유길준은 우리나라 최초의 신문인 한성순보를 만든 사람이에요. 신문의 필요성을 누구보다

잘 알고 있었어요. 하지만 한성순보는 갑신정변이 일어나면서 더 이상 나오지 못했고, 서재필이 돌아왔을 때에는 일본이 발행하는 신문밖에 없었어요.

"정부의 개혁이 성공하려면 백성의 지지를 받아야 하잖아요. 하지만 깨이지 않은 백성은 개혁을 지지하지 않을 거예요. 신문은 물정에 어두운 백성을 깨우쳐 줄 거예요."

유길준도 고개를 끄덕였어요.

"나도 같은 생각일세. 신문은 대중을 교육하는 데 제 역할을 톡톡히 할 거야."

"신문은 만 명의 스승보다 더 큰 가르침을 줄 거라 믿어요."

"좋아. 나는 나라의 돈을 빌려줄 방법이 있는지 찾아보겠네."

유길준이 적극적으로 나선 덕분에 서재필은 조선 정부의 지원을 받을 수 있었어요. 서재필은 일본에서 인쇄기를 구입하고 정동에 있는 정부

의 건물을 빌려 신문사를 만들었어요. 그리고 1896년 4월 7일, *독립신문을 창간했어요. 신문은 3면까지 순 한글이었고 맨 뒷면인 4면은 영어였어요. 다음 해부터는 한글판과 영어판을 따로 발행했어요. 영어판은 우리나라의 형편을 외국에 알리기 위해 발행했어요.

독립신문은 큰 인기를 끌었어요. 한 부의 신문을 여러 사람이 돌려 읽었고, 정기 구독자도 생겨났어요.

"신문 사세요, 신문! 독립신문 한 장에 두 푼입니다!"

옆구리에 신문을 낀 사람이 거리를 뛰어다니며 신문을 팔았어요.

선물을 한다며 한 번에 5~6부씩 사는 사람도 있었어요. 장터나 학교에서는 한 사람이 우렁찬 목소리로 신문을 읽어 주기도 했어요. 조선에 와 있는 외국인도 독립신문의 창간에 대해 칭찬을 아끼지 않았어요.

물론 독립신문과 서재필을 곱지 않게 보는 사람도 있었어요. 특히 서재필의 언행은 자주 입방아에 오르내렸어요.

"한국말을 다 잊어버려서 영어만 한다지?"

"황제 앞에서 안경도 벗지 않는다고 하던데?"

"갑신정변 때 죽은 가족들의 무덤도 안 찾았다는구먼. 미국 여자랑 결혼하더니 아주 미국 사람이 다 되었

※ **독립신문**
창간했을 때 신문의 제호는 독닙신문이었어요. 12호부터 제호가 독립신문으로 바뀌었어요. 한국신문편집인협회는 독립신문 발행일인 4월 7일을 신문의 날로 정했어요. 독립신문을 한글로 발행한 것은 많은 사람이 쉽게 볼 수 있게 하려는 뜻이었어요. 한글 띄어쓰기를 하고 마침표를 쓴 이유도 같아요.

어. 쯧쯧."

사람들의 수군거림대로 서재필은 철저히 미국 사람으로 살았어요. 대화는 영어로만 하고 이름도 서재필이 아니라 피제손으로 불리길 원했어요. 미국 이름인 필립 제이슨을 한국식으로 발음한 것이었지요.

서재필과는 별도로 독립신문의 인기는 날로 높아졌어요. 발행 부수는 금세 늘어났고 발행 주기도 짧아졌어요. 일 주일에 세 번 나오던 신문이 2년 만에, 매일 나오는 일간 신문이 되었어요.

독립신문에 실리는 광고나 기사에는 그 당시의 생활 모습이 고스란히 담겼어요.

각 군에 임시 우체사가 다 설치되어 먼 시골에 사는 사람에게도 신문이 내려가게 되었으니 독립신문을 많이들 사 보시오.

이것은 독립 신문사가 독자를 모으는 광고였어요. 우편 제도가 널리 퍼졌다는 것을 알 수 있어요.

……돈 바꾸는 것과 외국에 돈 보내는 것과 남의 돈 맡아 두는 일과 좋은 전당 잡고 돈 빌려주는 일을 다 할 터이오……

이와 같은 은행 광고도 실렸어요. 그런가 하면 '히어로'라는 이름의 외국 담배, 미국에서 수입한 자전거, 치과 병원, 달력과 명함을 인쇄하는 인쇄소, 사진관 등의 광고도 신문의 한 면을 장식했어요. 신선한 캘리포니아 버터와 통조림, 외국에서 들여온 양복 옷감, 러시아산 소시지 광고도 찾아볼 수 있었어요.

서울에 사는 이근배와 김두승이 전기등과 전차와 전화기를 서울에다 설치하려고 정부에 허가를 요청했다니 이 일이 실시되면 사람들에게 매우 이롭고 편리할 것이다.

전기등과 전차, 전화 이야기가 실린 신문 기사였어요. 이를 통해 그 시절 사람들의 생활 모습을 상상할 수 있나요?

독립을 소원하는 표시

독립신문이 창간되고 두 달이 지났을 때였어요. 신문에 사람들의 관심을 끄는 기사가 실렸어요.

*모화관 영은문이 있던 자리에다 새로 문을 세우되 그 문의 이름은 독립문이라 할 것이다. 새로 문을 세우는 것은 세계에 조선이 독립국이라는 표를 보이자는 뜻이요……

※ **모화관 영은문**
명나라를 섬기며 사대 정책을 펼쳤던 조선은 중국 사신을 맞이하려고 모화관을 세웠어요. 중국에서 사신이 오면 조선 왕은 친히 모화관에 나가 사신을 맞았고, 사신이 돌아갈 때는 관리들이 모화관까지 나와 배웅했어요. 모화관 앞에는 영은문을 세웠는데, 영은문은 '은혜로운 중국을 맞이하는 문'이라는 뜻이었어요. 모화관은 청일 전쟁에서 청나라가 패배한 뒤 사용이 중지됐고, 영은문은 1895년 개혁 정부가 들어서면서 주춧돌만 남기고 헐렸어요.

영은문이 헐린 자리에 독립문을 세우는 일이 시작되었음을 알리는 기사였어요. 서재필은 영은문이 중국을 섬겼다는 증거이기에 늘 못마땅했어요. 개화파와 청나라는 오래전부터 사이가 좋지 않았어요. 갑신정변이 실패한 이유도 청나라 군대의 방해 때문이었으니까요.

사실 영은문은 서재필이 귀국했을 때 두 개의 기둥만 남은 상태였어요. 개혁을 추진하던 조선 정부가 사대의 상징을 없앤다며 지붕을 뜯어냈기 때문이에요. 그러나 서재필은 영은문의 흔적마저도 마음에 들지 않았어요.

'저 부끄러운 문을 없애고 자랑스럽게 여길 만한 새로운 문을 세우면 어떨까? 프랑스의 나폴레옹이 전쟁에서 승리하고 개선문을 세웠듯이 말이야.'

서재필은 그 자리에 독립문이라는 새로운 문을 세우기로 했어요. 프랑스 파리에 있는 개선문과 모양은 같고 크기는 좀 작은 문을 말이에요. 독립문이라는 이름은 중국뿐만 아니라 일본과 러시아 그리고 모든 유럽 열강으로부터 독립한다는 의미를 담아 지었어요.

서재필은 독립문의 건립을 책임지고 맡아 줄 단체가 필요했어요. 10명 남짓한 정부 관리들이 독립 협회라는 이름의 사회단체를 만들고, 서재

필은 독립 협회의 고문을 맡았어요.

　독립 협회가 생기자 조선의 지식인과 시민들이 앞다투어 가입했어요. 독립문을 만드는 데 성금을 낸 사람뿐 아니라 협회에 들고 싶은 사람은 가리지 않고 회원으로 받았기 때문이에요.

　독립 협회와 인근 공원을 만드는 데 뜻을 함께 할 사람은 독립 협회로 성금을 보내 주시오.

　독립 협회는 신문을 통해 모금 운동을 벌였어요. 사람들이 앞다퉈 성금을 보내왔어요. 한 마을의 모든 사람이 한 푼 두 푼 모아 보내기도 했고, 왕태자가 큰돈을 한꺼번에 보내기도 했어요. 독립문 건립 계획은 순조롭게 진행되었어요.

　공사를 시작하는 기공식에서 서재필은 영어로 연설했어요.

※ **러시아 공사관에 가 있는 고종**
일본은 1895년 고종의 왕비인 명성왕후를 시해했어요. 왕후가 친러시아 정책을 펴자 궁궐에 몰래 침입해 처참하게 살해한 사건이었어요. 왕후가 죽자 생명의 위협을 느낀 고종은 왕태자와 후궁을 데리고 궁궐을 빠져나와 러시아 공사관으로 갔어요. 그곳에서 1년 넘게 머물며 나랏일을 살폈어요. 러시아는 고종을 보호하면서 조선의 정치에 간섭하고 이익이 되는 사업을 가져갔어요. 다른 나라도 러시아에 질세라 앞다퉈 이권 침탈을 하기 시작했어요.

"옛날에 조선이 종노릇 하던 표시를 없애고 독립을 소원하는 표시로 이 독립문을 세우니 이제부터 국민들은 독립과 자주를 위해 더욱 애써 주십시오."

삼한의 땅이니 대한이 어떤가?

독립 협회는 독립문 건립 운동뿐 아니라 다양한 사회 운동을 함께 벌였어요. 사람들을 한곳에 모아 토론회를 열고, 정부에 올바른 정치를 하라고 제안했어요. ※러시아 공사관에 가 있는 고종에게 궁궐로 돌아오라고 요구하기도 했지요.

'폐하께서 외국 공사관으로 나가신 것은 어쩔 수 없이 빚어진 일이지만 이 때문에 백성들이 당황하고 나라가 위태롭게 되었습니다. 어서 환궁하시어 종사를 편안하게 하고 민심을 안정시키소서.'

고종은 궁궐을 떠난 지 1년 만에 다시 궁으로 돌아왔어요. 독립 협회는 고종에게 또 다른 제안을 했어요.

'폐하께서 자주 독립의 기틀을 잡으셨으니 칭호를 황제로 바꾸기 좋은 때입니다. 러시아의 표트르 1세, 프랑스의 나폴레옹 1세, 오스트리아의 요제프 1세도 모두 황제라고 칭했고 다른 나라의 인정을 받았습니다. 엎드려 바라옵건대 폐하께서는 속히 황제에 즉위하소서.'

그동안은 중국을 섬기느라 황제가 되지 못하고 왕이어야 했지만 이제는 당당히 황제가 되라는 상소였어요. 그래야 청나라와 일본, 서양의 여러 나라와 한 자리에 나란히 설 수 있다는 것이었어요. 고종은 그 의견을 받아들여 황제 즉위식을 갖기로 했어요. 왕에서 황제가 되려니 나라 이름도 바꿀 필요가 있었어요. 고종은 대신들에게 의견을 물었어요.

"나라의 이름을 새로 정하는 것에 경들의 의견은 어떠한가?"

"제도가 새로워졌으니 나라 이름도 당연히 새로 정해야 합니다."

"우리는 삼한(마한, 진한, 변한)에서 하나의 나라가 되었으니 나라의 이름을 대한(大韓)으로 하는 것이 어떻겠는가? 과거에 조선을 종종 한(韓)이라 불렀으니 대한이라고 쓰는 것이 마땅할 것이다."

그렇게 정해진 이름이 대한 제국이었어요.

황제 즉위식이 열리기 하루 전날 밤부터 거리는 축제 분위기였어요. 등불을 밝힌 거리는 낮처럼 환했고 집집마다 태극기가 걸렸어요. 마침내 1897년 10월 12일, 고종은 황제의 상징인 노란색 곤룡포를 입고 황제가 되었어요. 죽은 왕후는 명성황후가 되었고 왕태자는 황태자로 올라갔어요.

짐을 꾸린 서재필

'조선'은 '대한 제국'이 되었지만 나라의 위상은 그대로였어요. 여전히 강대국들은 대한 제국에서 이권을 가져가기 바빴어요. 그러나 그 사이 백성은 달라져 있었어요. 강대국의 행동과 정부의 대처를 비판하면서 목소리를 내기 시작했어요.

　1898년 3월, 종로 거리에 사람들이 모였어요. 학생들이 연설회를 연다는 소식을 듣고 모인 사람이 1만 명이나 되었어요. 사실 연설회는 독립 협회가 비밀리에 준비한 것이었어요.

　"우리나라의 재정과 군사 문제에 간섭하는 러시아 관리를 하루 빨리 돌려보내야 합니다. 저들의 무리한 요구도 들어줘서는 안 됩니다!"

　"옳소! 옳소!"

　함성과 박수 소리가 종로 거리를 뒤덮었어요.

　고종과 러시아는 백성의 행동에 깜짝 놀랐어요. 이 모든 일이 서재필 때문이라고 생각했어요. 독립 협회를 만들고 독립신문에 러시아의 개입을 반대하는 기사를 실은 서재필을 그대로 둘 수는 없었어요.

　"서재필을 조선 정부의 고문관에서 해고한다."

　갑작스러운 해고에 서재필은 짐을 챙겨 미국으로 돌아갔어요. 독립신

문은 윤치호가 넘겨받게 되었어요. 독립 협회의 앞날도 순탄하지 않았어요. 고종은 독립 협회가 벌이는 활동이 황제의 권위에 도전하는 것이라고 생각했어요. 황제의 편에 선 관리들도 독립 협회를 해산시키라고 주장했어요.

"저들은 무슨 이유로 독립 협회라고 하면서 백성을 선동하는 것입니까? 나라를 사랑하고 황제에게 충성한다는 자들이 오히려 황제의 권위에 맞서고 나라에 화를 가져오니 마땅히 없애 버려야 합니다."

그 무렵 이름이 적히지 않은 문서 하나가 황제 앞에 도착했어요.

"독립 협회가 황제 폐하를 몰아내고 윤치호를 대통령으로 삼아 나라를 바꾸려고 합니다."

고종은 누가 썼는지도 알 수 없고 내용이 사실이라는 증거도 없는 문서를 구실로 독립 협회와 관계된 사람들을 잡아들이고 독립 협회마저 해산시켰어요. 독립신문도 어려움을 겪다가 결국 폐간을 하게 되었어요.

친일 개화파가 주도한 개혁

독립신문에서 일한 한글학자 주시경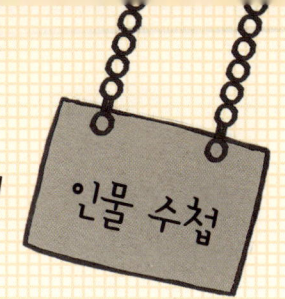

독립신문은 순 한글로 발행했어요. 더 많은 사람이 더 쉽게 읽기를 바라는 뜻에서였어요. 주시경은 한글로 된 신문을 발행하는 데 큰 역할을 한 사람이에요. 독립신문 창간 무렵 주시경은 배재 학당에 다니며 한글에 푹 빠져 있었어요.

주시경은 기자들이 쓴 한글 기사를 올바로 고쳐 쓰는, 편집 일을 맡았어요. 당시에는 맞춤법이 없어서 똑같은 말도 사람마다 달리 썼어요. 주시경은 신문사 안에 국문 동식회라는 연구 모임을 만들고 한글 맞춤법을 통일시켰어요.

독립신문이 문을 닫은 이후에도 주시경은 한글 연구와 한글 교육에 매달렸어요. 한글 강습회가 열리는 곳이면 어디라도 달려가 강의를 했어요. 여기저기 바쁘게 돌아다녔지만 한 번도 수업에 빠지거나 지각하는 일이 없었어요.

주시경은 언제나 많은 책을 보따리에 싸 갖고 다녀서 별명이 주보따리였어요. 주시경의 제자인 최현배는 이런 글을 남겼어요.

"주보따리는 예나 다름없이 동대문 연지동에서 서대문 정동으로, 정동에서 박동으로, 박동에서 동관으로 돌아다녔다. 스승은 교단에서 언제나 참되게, 정성스럽게, 뜨겁게 두 눈을 부릅뜨고 학생을 바라보며 가르쳤다."

평화의 신은 어디에 있습니까?
_이준, 이상설, 이위종

이준(1859~1907)은 대한 제국의 법관 양성소를 마치고 검사가 되었어요. 한국이 최초로 배출한 검사 가운데 한 사람이에요. 법관이었기 때문에 국제법을 잘 알았고, 을사늑약의 불법성을 누구보다 잘 아는 특사였어요.

이상설(1870~1917)은 조선이 마지막으로 치른 과거에 합격해 의정부의 참찬이라는 벼슬을 지냈어요. 을사늑약 소식을 듣고 통곡하다가 벼슬에서 스스로 물러났어요. 북간도 용정으로 가서 서전서숙이라는 학교를 세웠어요. 이상설은 수학 교과서를 펴낸 수학자이기도 해요.

이위종(1887~?)은 외교관인 아버지 이범진을 따라 어려서부터 미국, 프랑스, 러시아 등에서 살았어요. 영어, 프랑스어, 러시아에 능통해서 헤이그에서 통역을 맡았어요. 이후에는 삼촌인 이범윤과 함께 러시아 블라디보스토크에서 항일 투쟁을 계속했어요.

"선생님! 정신이 드십니까?"

1907년 7월 14일, 네덜란드 헤이그의 한 작은 호텔. 며칠째 의식 없이 누워 있던 이준이 눈을 떴어요. 침대를 지키던 이상설이 큰 소리로 불렀지만 이준은 대답을 하는 대신 작은 소리로 중얼거렸어요.

"우리나라를 도와주세요. 일본이 짓밟고 있습니다."

이것이 이준의 마지막 말이었어요. 이준은 낯선 외국 땅에서 눈을 감았어요. 조국을 떠난 지 3개월, 헤이그에 도착한 지 20여 일 만에 벌어진 일이었어요. 이상설은 하늘이 무너져 내리는 듯한 슬픔을 느꼈어요.

"일성(이준의 호) 선생님! 이렇게 가시면 안 됩니다."

이준과 이상설, 두 사람은 왜 머나먼 유럽 땅에서 이토록 슬픈 일을 겪게 된 걸까요?

외교권을 찾아야 한다

"부산에 볼 일이 있어서 잠깐 다녀와야겠소."

1907년 4월 22일, 이준은 아내에게 인사를 하고 남대문역으로 갔어요. 부산으로 가는 기차에 올랐지만 이준의 목적지는 부산이 아니었어요. 부산에서 배를 타고 일본으로 간 다음, 그곳에서 러시아로 가는 배를 타야 했어요.

이준은 허리춤에 고종 황제가 내린 특별 문서를 숨기고 있었어요. 이틀 전 남대문에 있는 상동 교회의 뒷방에서 전해 받은 것이었어요.

상동 교회는 나라를 걱정하는 애국지사들이 자주 모이는 곳이었어요. 목사인 전덕기를 비롯해 이회영, 이시영 등의 사람들은 고종 황제와 은밀히 연락을 주고받았어요. 헤이그에서 열리는 만국 평화 회의에 특사를 파견하기 위해서였어요. 내관이나 상궁이 궁궐과 상동 교회를 오가며 편지를 전했어요.

"블라디보스토크에 가서 이상설을 먼저 만나세요. 두 분이 러시아 수도에 있는 이위종을 찾아가면 됩니다. 그리고 이것은 김상궁이 가져온 황제 폐하의 위임장입니다."

이회영이 이준에게 문서를 건네며 이렇게 말했어요. 황제가 보낸 위임장에는 옥새가 선명했어요. 이준은 위임장을 천천히 읽었어요.

"대한 제국은 자주독립 국가인데 일본이 협박을 하며 불법적으로 외교권을 빼앗았다. 이준, 이상설, 이위종을 네덜란드 헤이그에서 열리는

만국평화회의에 특사로 파견한다. 특사는 우리나라가 처한 상황을 알리고 외교권을 다시 찾기 바라노라."

임명장에 적힌 대로 특사들은 외교권을 찾기 위해 머나먼 헤이그까지 갔어요. 2년 전인 1905년 11월, 일본이 강제로 맺은 조약이 무효라는 것을 알리기 위해서였어요. 2년 전, 일본이 강제로 맺은 조약은 무엇일까요?

외교권을 빼앗아 간 을사늑약

"황제 폐하! 대한 제국의 외교가 불안해서 동양이 평화롭지 못한 것을 잘 아시지요? *러일 전쟁이 일어난 것도 따지고 보면 대한 제국 때문이 아닙니까? 이제라도 우리 일본과 조약을 맺고 외교권을 맡기세요. 그것만이 동양의 평화를 영원히 지키는 길입니다."

동양 평화를 운운하며 고종 황제를 협박하며 조약서를 들이미는 사람은 일본의 이토 히로부미였어요. 조약에는 이런 내용이 있었어요.

- 일본이 한국의 외교를 지휘한다.
- 한국은 일본의 중재 없이 국제 조약을 맺을 수 없다.
- 일본인 통감을 서울에 두어 언제든 황제를 만날 수 있게 한다.

※ **러일 전쟁**
청일 전쟁이 끝난 뒤 조선에 새롭게 등장한 열강은 러시아였어요. 고종이 러시아 공사관으로 옮겨 간 후, 러시아는 조선의 정치에 개입하며 이익을 챙겼어요. 고종이 환궁한 뒤에도 러시아는 여전히 한반도에 욕심을 냈어요. 러시아의 항구는 겨울이면 모두 얼어 버리기 때문에 얼지 않는 항구를 얻기 위해 중국의 만주와 한반도 이북 지역을 노렸어요. 러시아가 조선과 가깝게 지내자 일본은 전쟁을 벌여 러시아를 한반도에서 몰아내기로 했어요. 1904년에 시작한 러일 전쟁은 1905년에 사실상 일본의 승리로 끝이 났어요.

우리나라의 외교권을 빼앗고 정치에 마음대로 간섭하겠다는 소리였어요. 고종은 말도 안 되는 일본의 요구를 들어줄 수가 없었어요. 외교권이 없는 나라는 허수아비나 마찬가지였으니까요.

"중요한 일을 어찌 짐이 혼자 결정할 수 있겠소? 대신들과 상의할 테니 돌아가 기다리시오."

고종은 대신들과 상의하겠다며 이토 히로부미를 피했어요.

고종을 협박하는 데 실패했다고 생각한 이토 히로부미는 대신들을 위협하기 시작했어요. 총칼로 무장한 일본 헌병을 거느리고 대신들이 회의하는 곳에 나타나 종이를 들이밀었어요.

"이 조약을 거절하면 돌이킬 수 없는 일이 벌어질 것이오. 조약을 찬성하는지 반대하는지 여러분의 의견을 쓰시오."

대신들은 한두 사람을 빼고 모두 '찬성'이라고 말했어요. 대신들 가운데에는 친일파가 너무 많았어요. 나라의 안전보다 자기의 이익을 우선으로 생각하는 사람들이었어요. 1905년 11월 18일 새벽 1시가 넘은 시간,

※ **을사늑약**

1905년, 을사년에 강제로 맺은 조약이에요. 그러나 말이 조약일 뿐 나라와 나라 사이에 맺은 문서로 보기 어려워요. 일본은 무력을 앞세워 강제로 문서에 도장을 찍게 했는데 그마저도 황제의 옥새가 아닌 대신의 도장이었어요. 정식 조약이라면 황제가 승인을 하고 관보에 실어 국민에게 알려야 하는데, 고종은 문서를 인정한 적이 없고 관보에도 실은 적이 없어요. 조약이라면 마땅히 있어야 할 제목조차 없는 문서였어요. 합법적인 조약이 아니기에 굴레 늑(勒), 맺을 약(約)자를 써서 을사늑약이라고 불러요.

일본은 대한 제국 대신의 도장을 빼앗아 문서에 찍었어요. 대한 제국의 대신들은 두 눈을 멀쩡히 뜨고 나라의 권리를 일본에게 빼앗겼어요. 이것이 바로 어이없게 맺은 ※을사늑약이에요.

고종은 늑약을 체결했다는 소식을 듣고 긴 한숨을 내쉬었어요.

"중요한 조약을 그렇게 쉽고 빠르게 맺다니 영원히 잊지 못할 한이로다. 대신들이 이렇게 무능하고 무기력하니 견딜 수가 없구나."

고종은 일본과의 조약이 무효라는 것을 세계에 알리려고 노력했어요. 헤이그에 특사를 파견한 것도 그런 이유였어요. 헤이그에서는 만국 평화 회의가 열릴 예정이었어요. 세계 각국이 모여 평화를 지키기 위해 어떤 일을 할 지 의논하는 자리였어요. 고종은 만국평화회의에 특사를 파견해 일본의 만행을 알리고 대한 제국의 억울한 사정을 호소하기로 했어요.

고종은 을사늑약을 곁에서 지켜본 이상설을 외교 사절단의 우두머리인 정사로 삼고, 법을 잘 아는 이준과 외국어에 능통한 이위종을 외교 사절단의 두 번째 책임자인 부사로 삼아 헤이그에 파견할 계획을 세웠어요. 일본의 눈을 피해 비밀리에 해야 하는 일이었지요.

특사들의 간절한 호소

서울을 떠난 이준은 블라디보스토크에서 이상설을 만났어요. 북간도에서 학교를 운영하던 이상설은 특사가 파견되었다는 소식을 듣고 블라디보스토크에 와 있었어요. 두 사람은 그곳에 거주하던 한국 교포들의 뜨거운 환영을 받았어요.

"우리 조국이 일본의 손아귀에서 벗어날 수 있게 두 분이 많이 애써 주세요."

교포들은 성금을 모아 특사들에게 힘을 실어 주었어요. 이상설과 이준은 러시아로 귀화한 차니콜라이의 안내를 받아 시베리아 횡단 열차에 올랐어요. 이위종을 만나기 위해 러시아의 수도로 가야 했어요. 시베리아 대륙의 동쪽과 서쪽을 연결하는 횡단 열차는 열흘을 넘게 달린 뒤에야 상트페테르부르크에 도착했어요. 상트페테르부르크는 그 당시 러시아의 수도였고, 대한 제국의 주러시아 공사관이 있는 곳이었어요. 일본은 을사늑약으로 대한 제국의 외교권이 없어졌다며 공사관을 폐쇄하고 공사인 이범진에게 귀국을 명령했어요. 그러나 이범진은 러시아에 머물며 사태를 살폈어요. 이위종은 바로 이범진의 아들이었어요.

세 명의 특사는 상트페테르부르크에서 기차를 타고 헤이그에 도착했어요. 그때가 1907년 6월 25일, 만국평화회의는 이미 열흘 전에 시작해 회의가 한창이었어요.

특사들은 회의장과 가까운 호텔에 짐을 풀고 *태극기를 내걸었어요. 그런 다음 회의장을 찾아가 대한 제국의 문제를 회의에 다루어 달라고

※ 태극기
우리나라가 태극기를 국기로 삼은 것은 1883년 3월이에요. 1882년에 박영효가 일본으로 가는 배 안에서 태극과 네 개의 괘로 이루어진 태극기를 만들고, 이듬해 고종이 이것을 우리나라의 국기로 인정했어요.

요청했어요. 그러나 회의장의 문은 동아시아의 조그만 나라에게 쉽게 열리지 않았어요.

"네덜란드 정부가 보낸 초청장이 없으면 회의에 들어올 수 없습니다."

모두 일본의 방해 때문이었어요. 일본은 대한 제국의 누군가가 헤이그로 간다는 것을 이미 5월에 알아챘어요. 일본은 대한 제국의 특사들이 회의에 참석할 수 없게 여기저기에 압력을 넣었어요.

"대한 제국은 외교권이 없는 나라입니다. 회의에 참가할 자격을 주면 안 됩니다."

회의장에 들어가지 못한 특사들은 할 수 없이 회의장 앞 광장에서 활동을 벌였어요. 호소문을 만들어 기자들에게 배포하고 외국 언론사와 인터뷰를 했어요.

"당신들은 왜 딱한 모습으로 이곳에 나타나 이 모임의 평화를 깨뜨리고 있죠?"

한 외국 기자의 물음에 이위종이 대답했어요.

"우리는 법과 정의 그리고 평화의 신을 만나려고 먼 나라 대한 제국에서 왔습니다. 그러나 이곳에 법의 신은 없군요. 도대체 대표들은 회의장 안에서 무엇을 하고 있습니까?"

이위종은 대한 제국의 억울함을 힘주어 강조했어요.

"대한 제국은 전쟁을 원하지 않습니다. 우리는 평화를 사랑하는 국민입니다. 그래서 군사도 7천 명밖에 없습니다. 그런데 그 결과는 어떻습니까? 이렇게 회의장의 문 앞에서 칼을 믿는 나라 대신 평화를 믿는 나라가 나타나기를 기다릴 뿐입니다."

이위종의 인터뷰 내용과 헤이그 특사들의 사진이 신문에 크게 실렸어요. 대한 제국의 특사들은 기자들의 관심을 끌었고 그들 앞에서 연설할 기회를 얻었어요. 외국어를 잘하는 이위종이 앞에 나섰어요.

"일본은 러일 전쟁이 한국의 독립과 영토를 지키기 위한 전쟁이라고 말했습니다. 아시아에 와 있던 영국이나 미국도 모두 일본을 믿었고 한국도 일본을 믿었습니다. 그러나 전쟁에서 승리하자 태도를 바꾸어 가혹한 일들을 벌이고 있습니다. 일본은 총구를 앞세우며 평화를 말하고 있습니다. 우리 한국민은 죽음을 무릅쓰고 일본의 잔인한 침략에 대항하고 있습니다!"

대한 제국 특사들의 호소는 간절했어요. 그러나 세계의 열강들은 조금도 신경 쓰지 않았어요. 영국이나 미국, 러시아는 일본이 한국을 지배하는 것을 눈감아 주는 대신 다른 나라를 차지하기로 비밀리에 약속을 했기 때문이에요.

강대국의 욕심 때문에 특사들의 활동은 별다른 성과를 얻지 못했어요. 그런 중에 이위종은 부인이 위독하다는 전보를 받고 러시아로 돌아갔고 이준은 세상을 떠났어요.

조국을 밟지 못한 특사들

헤이그로 돌아온 이위종은 이상설과 함께 이준을 공동묘지에 안장했어요. 셋이 왔다가 둘만 남은 대한 제국 특사들은 미국과 유럽을 돌며 일본의 만행을 알리는 데 힘썼어요. 그 사이 조국에서는 고종이 헤이그에 특사를 파견한 일에 책임을 지고 강제로 황제 자리에서 물러났어요. 일본은 대한 제국의 군대마저 해산시켜 버렸어요. 한국은 외교권도 없고 군대마저 없는 나라가 되었어요. 헤이그 특사들은 피고인이 법정에 나오지 않은 채 진행되는 재판인 궐석 재판에 넘겨졌어요.

"이준, 이상설, 이위종은 음모를 품고 해외로 나가 외교를 망쳤으니 법률대로 엄히 처벌한다. 밀사라고 거짓으로 말하고 다닌 죄가 크니 피고 이상설은 사형, 피고 이준과 피고 이위종은 종신형에 처한다. 다만, 피고들이 어디에 있는지 행방이 묘연하니 체포한 다음에 형을 집행한다."

조국은 특사들에게 무거운 벌을 내렸어요. 이상설과 이위종은 죽을 때까지 조국에 발을 붙이지 못하는 신세가 되었어요.

이상설은 만주로 돌아갔어요. 학교를 세워 교육에 힘쓰는 한편, 의병을 모아 군대를 만들어 꾸준하고 활발하게 독립운동을 벌였어요. 그러다 병에 걸려 1917년에 생을 마쳤어요.

"동지들이여! 힘을 합쳐 조국 광복을 반드시 이루어 주기 바란다. 광복을 보지 못하고 세상을 떠나니 영혼인들 조국에 돌아갈 수 있을까? 내가 죽은 뒤에 제사도 지내지 마라."

이상설이 동지들에게 마지막으로 남긴 말이었어요.

이위종은 러시아로 돌아가 사관 학교에 입학했어요. 그 뒤 제1차 세계 대전에 참가했다는 사실만 알려질 뿐 언제 어디에서 어떻게 죽었는지, 어디에 묻혔는지는 전해지지 않아요.

역사 산책
강제로 물러난 고종 황제

헤이그 특사를 도운 사람들

'헤이그 특사' 하면 세 사람의 이름만을 떠올리지만 특사들을 뒤에서 도운 사람도 많아요. 미국인 선교사 헐버트는 국립 학교의 영어 교사로 대한 제국에서 생활하면서 고종과 가까워졌어요. 교사 생활을 마친 뒤에는 선교사가 되었어요.

헐버트는 일본의 침략으로부터 한국을 지키려고 애를 많이 썼어요. 헐버트는 헤이그에서도 제4의 특사라고 불릴 정도로 활발하게 활동했어요. 이준보다 뒤늦게 한국을 떠나 시베리아 철도를 타고 헤이그로 왔지만, 3인의 특사와 별도로 활동하며 한국의 실상을 언론에 알렸어요.

"을사늑약은 황제가 서명하지 않은 조약입니다. 세계 만국은 대한 제국이 주권을 지킬 수 있게 도와야 합니다."

헐버트는 특사 활동이 끝난 뒤, 미국으로 돌아가서도 일본의 침략 행위를 알리는 데 앞장섰어요.

미국에 살던 윤병구, 송헌주도 당시에 헤이그로 와서 특사들의 활동을 도왔고, 한국인이었지만 러시아에 귀화한 차니콜라이도 러시아부터 헤이그까지 특사들과 동행했어요. 이 밖에도 많은 애국지사가 국내외에서 특사를 파견하는 일을 계획하고 진행하는 데 힘을 보탰어요.

실력을 쌓고 힘을 기르소서
_안창호

안창호(1878~1938)는 우리나라에서 청일 전쟁이 일어나는 것을 보며 평생 애국자로 살겠다고 다짐했어요. 독립 협회에 가입해 계몽 운동에 나섰고 점진 학교를 세워 어린이를 가르쳤어요. 교육자가 되려고 미국으로 건너가 5년 만에 귀국해 비밀 모임인 신민회를 만들어 계몽 운동과 교육 사업에 앞장섰어요. 독립을 하려면 한국인 모두가 실력을 쌓아야 한다는 주장을 펼쳤고, 학생들에게는 진실한 마음으로 노력하라는 뜻의 '무실역행'을 강조했어요.

"나는 미국에서 더 많이 배우고 한국에 갈 것입니다. 지금 우리는 우물 안 개구리처럼 좁은 세상에 살고 있거든요."

1902년 로스앤젤레스의 한 신문 기자가 한국에서 온 청년을 인터뷰하고 있었어요. 미국에 온 지 2개월밖에 안 돼 영어는 서툴렀지만 조금도 주눅 들지 않은 모습이었어요.

"미국에서 무슨 공부를 하고 싶은가요?"

기자의 물음에 한국 청년이 대답했어요.

"의학 공부를 해서 외과 의사가 될까 생각했지만 사람의 몸에 칼을 대기는 어려울 것 같아 생각을 바꿨어요. 교육학을 전공해서 한국의 젊은이를 가르치는 교육자가 될 생각입니다."

기자는 한국 청년이 겸손하면서도 사람을 친근하게 대할 줄 알고 말과 행동에 품위가 넘친다고 썼어요. 이 청년의 이름은 안창호였어요.

비밀 결사 신민회

그로부터 5년이 지난 1907년 1월, 미국 캘리포니아 주 리버사이드 *파차파 마을에 안창호, 이강, 임준기 등 교포들이 모였어요. 이들은 한국의 독립과 자유를 되찾는 일을 하려고 특별한 모임을 만들기로 했어요.

"독립을 하려면 한국인 모두가 실력을 쌓아야 해요. 대한 신민회를 통해 사람들을 일깨우고 힘을 키우는 일을 해 봅시다."

"그런데 이런 일은 한국의 동포들이 함께 나서야 해요. 누가 조국에 가서 이 일을 의논해 보면 어떨까요?"

"옳아요. 이런 모임은 마땅히 한국에서 시작해야 해요. 대표로 도산(안창호의 호)이 가서 동지들을 모아 봐요. 필요한 자금은 우리가 어떻게든 마련할 테니 걱정 말고요."

이렇게 해서 안창호는 한국으로 왔어요. 교육학을 공부하려고 미국으로 떠난 지 5년 만에 조국에 돌아온 것이었어요.

안창호가 귀국하자 일본 경찰들 사이에서는 비밀 정보가 돌았어요.

'미국의 한인들이 **이토 통감을 암살할 목적으로 비밀 모임을 만들었음. 그 회장이 이번에 귀국하니 주의

※ **파차파 마을**
안창호는 리버사이드의 파차파 마을에서 오렌지를 따는 노동자로 일했어요. 이곳에 한국인 마을을 세우고 직업 소개소를 만들어 일자리를 알아봐 주는 한편, 영어를 가르치는 야간 학교와 마을 회관을 열었어요. 규칙을 만들어서 지키게 하고 마을에 경찰을 두기도 했어요. 파차파는 미국에서 가장 먼저 생겨난 한국인 마을인 셈이에요.

※※ **이토 통감**
1905년 11월의 을사늑약에 따라 일본은 통감부라는 관청을 설치했어요. 통감부의 최고 관리자가 바로 통감인데, 을사늑약을 체결하는 데 앞장선 이토 히로부미가 첫 번째 통감이었어요.

※ **대한 매일 신보**
1904년에 창간해 매일 발행한 신문이에요. 일본의 검열을 피하기 위해 영국의 언론인 베델을 사장에 앉히고 양기탁은 총무를 맡았어요. 민족의식을 심어 주는 기사를 주로 실었고, 국채 보상 운동에도 앞장섰어요. 우리나라를 대표하는 역사학자인 신채호와 박은식은 이 신문의 주필로 일했어요.

※※ **국채 보상 운동**
일본은 을사늑약 이후 한국을 지배할 여러 시설을 만들어야 했어요. 그러려면 막대한 비용이 필요한데, 우리나라에게 일본에서 차관을 가져다 쓰라고 강요했어요. 차관은 고스란히 우리나라 빚이 되었어요. 대구에 사는 서상돈은 국민 성금을 모아 차관을 갚자는 국채 보상 운동을 제안했어요. 이 운동은 전국으로 번져 갔어요. 그러나 국채 보상 운동은 일본의 반대로 성공하지 못했어요.

깊게 살피기 바람.'

안창호는 대한 신민회를 만들기 전에 공립 협회를 만들어 활동했는데, 이 일로 요주의 인물이 되어 있었어요.

안창호는 일본의 눈을 피해 ※대한 매일 신보에서 일하는 양기탁을 찾아갔어요. 안창호는 양기탁에게 미국 동포들이 모아 준 ※※국채 보상 운동 성금을 내며, 두 장의 문서도 함께 내밀었어요. 미국에서 써 온 신민회 규칙서였어요.

'애국심이 있는 한국인이면 독립과 자유를 위해 일치단결해야 한다. 이것이 신민회가 품고 있는 뜻이다. 새로운 정신을 불러 깨우치고 새로운 단체를 조직해서 새로운 국가를 건설해야 한다.'

양기탁은 신민회를 만들자는 안창호의 제안에 적극 찬성했어요. 뿐만 아니라 안창호와 함께 여기저기 뛰어다니며 신민회에 참여할 사람을 모았어요. 모인 사람들은 전덕기, 이동녕, 이갑, 유동열 등이었어요. 모두들 신민회를 만드는 것에 찬성했어요. 안창호는 신민회를 비밀 모임으로 하자고 주장했어요.

"모임이 알려지면 일본이 방해를 할 겁니다. 친일파들도 가만있지 않을 테고요. 신민회 활동은 비밀리에 합시다."

그러나 모임을 합법적으로 만들자는 의견도 있었어요.

"활동을 만천하에 드러내야 더 많은 사람이 참가할 수 있습니다."

"회원이 되겠다는 사람을 모두 받아들이면 일본 첩자가 끼어들 수 있어서 위험해요."

결국 신민회는 비밀 모임이 되었어요. 총감독 양기탁, 총서기 이동녕, 재무 전덕기, 안창호는 집행원을 맡았어요. 집행원이란 신입 회원을 심사하는 사람이었어요. 회원은 비밀리에 가려 모았어요. 회원 가운데 한 사람이 믿을 만한 사람을 소개하면 꼼꼼하게 심사해서 뽑았어요. 심사에 통과한 뒤 신민회의 회원이 되려면 서약식을 거쳐야 했어요.

'신민회 회원은 조국 정신을 굳게 지키고 조국 광복에 헌신한다. 신민회 회원은 비밀을 철저히 지키고 절대 말하지 않는다. 신민회 회원은 힘

든 일이나 편한 일이나 다른 회원과 함께 한다.'

신민회는 비밀 모임이었지만 하려는 일은 분명했어요. 신문이나 잡지 등 언론을 통해 국민을 깨우치고, 연설회를 열어 국민에게 민족의식과 독립 사상을 심어 주고, 학교를 세워 청년을 가르치고, 각종 상공업 기관을 만들어 경제를 일으키는 일 등이었어요.

안창호는 특히 교육에 관심이 많았어요. 미국으로 떠나기 전 고향에서 점진 학교를 세운 적이 있고, 그가 유학을 떠난 것도 교육자가 되기 위해서였어요. 안창호는 신민회 활동의 하나로 제대로 된 학교를 세웠어요.

신민회의 모범 학교

중학교를 세우고 예비과와 초등급 학생을 모집하니 공부하기를 원하는 사람은 이달 24일 안으로 신청서를 내시오.

— 학교 책임자 이종호, 안창호, 윤치호

1908년 9월 15일 대한 매일 신보에 이런 광고가 실렸어요. 4년제 중학교인 대성 학교가 평양에 문을 연다는 광고였어요. 신민회는 학생들의 교육을 중요하게 생각해서 여러 곳에 학교를 세웠는데, 대성 학교는 다른 학교의 본보기로 세운 곳이었어요. 여러 신민회 회원이 설립을 위해 돈을 보탰고, 교장은 윤치호가 맡았어요. 안창호는 대리 교장이었어요.

대성 학교는 평양 시내의 높은 언덕에 자리 잡았어요. 2층짜리 건물에 기숙사와 실험실, 선생님들의 숙소가 있었어요. 학생들의 나이는 들쭉날쭉했어요. 중학생이라 해도 대부분이 20대, 30대였고 자녀를 둔 아버지도 있었어요. 배우는 과목은 국어, 외국어, 수학, 과학, 역사 외에 농업, 공업, 상업과 같은 기술 과목이 있었어요. 특히 체력을 기를 수 있는 체육은 중요한 과목이었어요. 대성 학교에서는 학생들이 군대처럼 군사 훈련을 할 때도 있었어요. 과외 활동으로는 웅변, 음악, 연극 등을 했고 축구부와 야구부도 있었어요.

안창호가 틈날 때마다 학생들에게 강조한 것이 있어요. 바로 성실과 정직이었어요.

"여러분은 건전한 인격을 가진 사람이 되어야 합니다. 건전한 인격이 무엇일까요? 성실하고 거짓이 없는 행동입니다. 농담이라도 거짓말을 하지 마세요. 꿈속에서라도 성실하게 공부하세요."

평소에는 엄격한 안창호도 오락 시간만큼은 노래를 부르고 학생들과 어울리는, 재미있는 선생님이었어요. 안창호는 미술이나 음악 같은 예술 교육을 중시했어요. 좋은 품성을 길러 주기 위해서였어요. 노래를 많이 만들어 학생들에게 자주 부르게 한 것도 그 때문이에요.

그런데 대성 학교가 문을 열고 6개월이 채 되지 않았을 때 위기가 찾아왔어요. 1909년 3월에 순종 황제와 통감 이토 히로부미는 전국을 시찰하던 중에 평양에도 들렀어요. 통감부는 평양에 있는 각 학교와 관청에 지시를 내렸어요.

'순종 황제와 이토 통감이 순시할 때 각 학교와 관청은 일장기를 달고, 환영 행사 때에도 일장기를 들고 거리에 나올 것.'

대성 학교는 일장기를 걸지 않았어요. 학생들은 태극기를 들고 거리에 나갔어요. 이 일로 대성 학교는 문을 닫을 것이라는 소문이 돌았어요. 그러나 안창호는 일본이 꼼짝 못 할 이유를 댔어요.

"황제와 함께 오는 통감은 수행원이 아니오? 수행원을 위해 국기를 드는 건 어디에서도 들어보지 못한 소리요. 우리 학생들이 일장기를 들지 않은 이유는 그것뿐이오."

대성 학교는 간신히 위기에서 벗어날 수 있었어요.

나의 사랑 한반도

신민회 회원들은 사람들의 생각을 깨우치고 민족의식을 심어 주려고 연설회를 자주 열었어요. 유명한 연설가들이 나오는 곳에는 사람이 구름처럼 몰렸어요. 안창호도 연설을 잘하기로 유명했어요. 마음을 울리는 연설로 사람들의 눈물을 빼고, 마지막에는 '대한 독립 만세'를 함께 외치고 노래를 부르게 했어요.

안창호의 연설에 감동해 인생을 바꾼 사람도 있어요. 오산 학교의 교장인 이승훈이 대표적인 사람이에요. 독립운동가이자 언론

인이었던 여운형도 안창호의 연설에 깊은 감동을 받았어요. 그리고 또 한 사람은 안중근이에요. 1907년 안중근은 안창호의 연설을 듣고 이렇게 말했어요.

"안창호 선생은 교육을 일으켜 나라의 기초를 튼튼하게 하려는 애국지사인 것 같다."

안중근은 이 무렵 학교를 운영하며 국채 보상 운동에 힘을 쏟고 있었어요. 그러나 대한 제국 *군대의 강제 해산 과정을 지켜보며 보다 적극적인 항일 운동을 하기로 마음먹었어요.

안중근은 연해주로 가서 의병에 참가했어요. '한국의 군' 참모 중장이 된 안중근은 1909년 10월 26일, 하얼빈 역에서 이토 히로부미를 향해 총을 쏘았어요. 이토 히로부미가 죽고 안중근은 사형을 선고 받았어요.

안중근은 한국 군인의 신분으로 적과 전쟁을 치른 것이라며 이토 히로부미의 죄목 15가지를 댔어요. 바로 고종을 강제로 물러나게 하고, 무고한 한국인을 학살하고, 군대를 해산

※ **군대의 강제 해산**
1907년 8월 1일 통감부는 대한 제국의 군인을 한 곳에 모아놓고 해산 명령을 내렸어요. 한국 지배를 위한 마지막 절차가 군대를 해산시키는 일이었어요. 대한 제국의 군인들은 해산에 강력히 저항하며 시내에서 일본군과 전투를 벌였어요. 그러나 치밀하게 준비를 해 둔 일본을 당해 낼 수 없었어요. 해산한 군인들은 의병이 되어 본격적으로 항일 투쟁을 벌였어요.

시키고, 한국인의 교육을 방해한 것 등이었어요.

안중근 의거가 있고 며칠 뒤, 대성 학교로 일본 경찰들이 우르르 몰려왔어요.

"안창호! 당신을 안중근의 배후로 체포한다!"

안창호는 안중근이 이토 히로부미를 처단한 일과는 아무 상관이 없었어요. 그런데도 일본은 안창호와 다른 애국지사들을 배후로 몰아서 잡아 가뒀어요. 신민회에서 중요한 역할을 하던 사람들이 많이 검거되었어요. 안창호는 증거가 없었는데도 두 달이나 갇혀 있어야 했어요.

안창호가 풀려났지만 일본은 애국지사들을 더욱 심하게 감시하고 탄압했어요. 신민회 간부들은 위기를 느꼈어요. 1910년 3월, 양기탁의 집에서 긴급회의를 열고 앞으로의 일을 의논했어요.

"한국에서는 더 버틸 수가 없어요. 일본이 점점 악랄해지고 있으니 이제는 해외로 나가야 해요."

"일본의 감시를 심하게 받는 사람들이 먼저 해외로 나가고 국내에서 활동할 수 있는 사람은 그대로 남아서 활동합시다."

회의 끝에 신민회 회원들은 망명하기로 결정했어요. 해외에서 무관학교를 세우고 독립군을 양성하는 것이 가장 큰 목표였어요. 헌병대에 구속되었다가 풀려난 사람들이 먼저 망명했어요. 1910년 4월, 안창호는 강화도에서 배를 타고 중국으로 향했어요. 그때 안창호의 마음은 어땠을까요? 안창호가 지은 '거국가'의 노랫말을 보면 그 마음을 짐작해 볼 수 있어요.

'간다 간다 나는 간다. 너를 두고 나는 간다. 잠시 뜻을 얻었노라. 까불대는 이 시대의 운명이 나의 등을 내밀어서 너를 떠나가게 하니, 간다한들 영 갈쏘냐. 나의 사랑 한반도야.'

언젠가는 돌아올 것이라 믿고 떠난 지 4개월 뒤, 안창호는 일본이 한국의 주권을 침탈했다는 소식을 들었어요. 일본은 주권을 빼앗고 나서야 신민회가 활동한 사실을 알아냈어요. 일본이 알아 낸 신민회 회원은 무려 800여 명이나 되었어요. 언론인, 종교인, 교육자, 군인 등 애국지사들은 거의 모두 신민회 회원으로 활동했어요.

일본은 신민회 회원들이 총독을 암살하려다 실패했다는 누명을 씌워서 회원들을 잡아들였어요. 비밀 결사 조직이었던 신민회는 그 일로 힘이 약해져 역사 속으로 사라졌어요.

한편 안창호가 공들여 가꿨던 대성 학교는 1912년에 첫 졸업식을 열었어요. 그 졸업식을 마지막으로 일본은 눈엣가시와 같던 대성 학교의 문을 닫았어요. 신민회의 모범 학교도 그렇게 역사 속으로 사라졌어요.

깨우쳐야 산다, 계몽 운동

안창호의 연설에 감동한 이승훈

일찍이 상업으로 돈을 많이 번 이승훈은 어느 해 평양에서 안창호의 연설을 들었어요.

"나라가 없는 민족은 모두 노비나 마찬가지요. 온 민족이 천대받는 세상에서 혼자만 양반 노릇을 할 수 있겠소? 나라가 없으면 나도 없고 내 가족도 없고 영광을 누릴 길도 없소. 노비를 벗어나려면 힘을 길러야 합니다. 4000년 역사를 가진 우리나라를 지키려면 나쁜 습관을 버리고 새로운 교육을 해야 합니다!"

안창호의 연설에 크게 감동한 이승훈은 그 날로 상투를 자르고 술과 담배를 끊었어요. 남은 인생은 교육과 민족 운동에 바치리라 결심하고 대성 학교보다 1년 먼저 오산 학교를 세웠어요. 입학식 때 학생은 고작 7명뿐이었지만 이승훈은 실망하지 않았어요.

"나라가 기울어 갈 때 총칼을 들고 싸우는 사람도 필요하지만 우리는 배워서 힘을 길러야 합니다. 학생이 앞으로는 70명, 700명으로 늘어나기를 바랍니다."

이승훈의 바람대로 학생 수는 크게 늘었어요. 시인 김소월과 백석, 화가 이중섭이 오산 학교를 졸업했어요. 이승훈은 안창호와 함께 학회 활동을 하고, 신민회에도 가입해 책임 있는 자리를 맡았어요. 신민회 활동을 돕기 위해 출판사이자 서점인 태극서관과 도자기 회사도 세웠어요.

만주로 간 형제들
_이회영과 형제들

이회영(1867~1932)은 지금의 장관에 해당하는 벼슬인 판서를 지냈던 이유승의 넷째 아들로 넉넉한 집안에서 형제들과 사이좋게 자랐어요. 일찌감치 개화사상을 접했고 벼슬 대신 교육에 몸담았어요. 상동 교회가 세운 학교에서 학생들을 가르치며 신민회에 참가했어요. 나라를 빼앗긴 뒤 형제들을 설득해 만주로 망명해 한인촌을 건설하고 신흥 무관 학교를 세웠어요.

첫째 이건영(1853~1940), 둘째 이석영(1855~1934), 셋째 이철영(1863~1925), 다섯째 이시영(1869~1953), 막내 이호영(1885~1933)은 모두 독립운동에 몸담았어요. 특히 막내 이호영은 두 아들과 함께 다물단을 만들어 무장 투쟁을 벌이다 실종되었어요. 살아서 해방을 맞은 사람은 다섯째 이시영뿐이에요.

1910년 8월 29일, 기차역 대합실 같은 공공 기관에 이상한 벽보가 나붙었어요.

- 한국의 황제는 한국의 통치권을 완전히 그리고 영원히 일본에 넘겨준다.
- 일본은 한국이 넘겨주는 통치권을 수락하고 한국을 일본 제국에 병합한다.

일본이 대한 제국과 병합 조약을 맺었다며 그 조약문의 일부를 벽보로 만들어 붙인 것이었어요. 이것은 외교권부터 시작해 대한 제국의 권리를 하나씩 빼앗아 가던 일본이 대한 제국을 완전히 점령했다는 말이었어요.

일본은 1910년 초부터 대한 제국의 국권을 빼앗을 준비를 했어요. 8월에는 총리대신 이완용을 불러다 조약 내용을 두고 협상을 벌였어요. 대한 제국 정부는 내각 회의를 거쳐 조약 내용을 승인했어요. 순종은 조약 문서에 옥새를 차마 직접 찍지 못하고 이완용에게 모든 권한을 맡겼어요. 8월 22일에 벌어진 일은 일주일 뒤에나 세상에 알려졌어요.

애국지사들은 깊은 슬픔과 충격에 빠졌어요. 신민회에서 활동하던 이회영도 마찬가지였어요. 나라를 잃은 슬픔에 음식을 끊고 누워만 있었어요. 그러다 며칠 만에 자리를 털고 일어나 형님, 아우들을 불러 모았어요. 첫째 건영, 둘째 석영, 셋째 철영, 넷째 회영, 다섯째 시영, 여섯째 호영, 여섯 형제가 한 자리에 모였어요.

압록강을 건넌 가족

"슬픈 일이 벌어졌습니다."

이회영이 입을 뗐지만 형제들은 아무 말도 하지 않았어요. 하지만 모두들 같은 마음이었어요.

"사람들은 우리 가족이 공신의 후예로 나라의 은혜를 입었다고 말합니다. 옳은 말입니다. 우리 형제들은 마땅히 이 나라와 운명을 함께 해야 합니다. 그런데 나라가 망해 일본의 것이 되었으니 어찌 그 밑에서 종노릇을 하겠습니까? 저는 만주로 가서 동지들과 하던 일을 계속하려고 합니다. 여러 형님과 아우들도 저와 함께 중국으로 가시지요."

모두가 이회영을 믿었기에 누구도 반대하지 않았어요. 둘째 이석영이 거들었어요.

"회영의 말이 옳다. 우리 가문은 대대로 국가의 녹을 먹었어. 그런 집안이 일본의 밑에서 어찌 쌀 한 톨이라도 먹을 수 있겠느냐?"

이회영의 집안은 명문 세도가로 부족함 없이 남부럽지 않게 살았어요. 특히 이석영은 아들 없는 큰댁의 양자로 들어가 엄청난 재산을 물려받았어요. 그러나 이회영 형제들은 그 많은 재산을 처분하는 것이 조금도 아깝지 않았어요.

일본이 *국권을 침탈하자마자 백성들은 나라 없는 설움을 겪기 시작했어요. 일본 관리들의 닦달이 시작되었어요.

"집집마다 일장기를 달아라."

"이제 일본의 국민이 되었으니 세금을 빨리 빨리 내도록 하라!"

"과일나무든 뽕나무든 모두 일본의 재산이니 한 그루도 빠뜨리지 말고 세어라."

일본의 횡포에 백성들은 끝없이 시달렸지만 일부 양반들은 오히려 호사를 누렸어요. 일본은 조선의 왕족과 양반 76명을 귀족으로 만들어 주었어요. 후작, 남작, 자

※ **국권 침탈**
일본은 1905년부터 대한 제국의 외교권을 빼앗고 행정권을 장악했으며 군대를 해산시키고 경찰까지 없앴어요. 차근차근 대한 제국의 권리를 앗아 가던 일본은 1910년, 대한 제국의 주권을 완전히 빼앗고 식민지로 삼았어요. 대한 제국을 통치하기 위해 통감부 대신 조선 총독부를 설치하고 군인인 데라우치를 첫 번째 총독으로 보냈어요. 나라 이름은 대한 제국에서 다시 조선이 되었고 황제 폐하는 이왕 전하가 되었어요.

작, 백작과 같은 작위를 주고 막대한 사례금과 토지도 주었어요. 이들은 나라가 망했는데도 귀족이 되어 호의호식했어요.

그러나 이회영 일가족은 안락한 생활을 미련 없이 버리기로 했어요. 급하게 재산을 처분해 독립 자금을 만들어서 추운 북쪽 땅으로 떠났어요. 목적지는 *서간도 삼원포(옛 지명은 삼원보)였어요.

1910년 12월 말, 추위가 매섭던 때 이회영 일가는 일본

* 서간도

간도는 압록강과 두만강 너머의 지역을 가리키는 지명이에요. 만주의 가장 남쪽에 해당하는 곳이지요. 압록강을 건너면 서간도로 갈 수 있고 두만강을 건너면 북간도로 갈 수 있어요. 조선 말기 철종 때 큰 흉년이 들자 조선 백성들은 간도로 가서 농사를 지었어요. 일본이 조선을 강제로 점령한 뒤에는 독립운동가와 삶의 터전을 빼앗긴 사람들이 간도로 가서 살았어요.

의 감시를 피해 캄캄한 새벽에 칼바람을 맞으며 꽁꽁 언 압록강을 건넜어요. 그곳에서 삼원포까지 가는 길은 멀고도 험했어요. 조선의 추위와는 비교도 할 수 없는 만주의 강추위와 싸우며 고향을 떠난 지 두 달 만에 삼원포에 도착했어요.

간도에 세운 무관 학교

이회영 가족이 온갖 고생을 하며 찾아온 곳은 황무지나 다름없었어요. *독립운동 기지를 세우려고 일부러 첩첩산중을 골랐으니 당연한 일이었어요. 이회영은 적당한 곳에 땅을 구입하고 근처에 와 있던 이상룡, 이동녕 등의 동지들과 삼원포 지역의 동포들을 불러 모았어요. 사람들을 다독여 낮에는 농사짓고 밤에는 군사 훈련을 하며 학교 마련에 힘을 쏟았어요.

그러던 어느 날, 산책을 나갔던 이시영이 부리나케 들어와 형님들을 찾았어요.

"학교로 쓸 만한 곳을 드디어 찾아냈습니다."

"오, 그래? 그곳이 어디인가?"

"촌락 모퉁이에 버려진 옥수수 창고가 있는데, 학교로 쓰기에 알맞습니다. 빌려서 수리하면 좋겠어요."

모두들 머뭇거리지 않고 옥수수 창고를 수리하고 **신

※ **독립운동 기지**

1910년을 전후로 간도와 러시아 연해주 지역을 중심으로 독립운동 기지가 많이 건설되었어요. 이회영 일가가 자리 잡은 서간도를 비롯한 간도 지역에는 용정촌, 명동촌, 한흥동이 들어섰고 블라디보스토크에는 신한촌이 생겼어요. 주민이 차츰 늘자 먼저 도착한 사람들은 나중에 온 사람들이 자리를 잡을 때까지 돌봐 주며 규칙도 만들고 학교를 세웠어요. 군부대를 만들어 독립 전쟁을 준비한 곳도 있었어요.

※※ **신흥 강습소**

신흥 무관 학교의 첫 출발은 신흥 강습소였어요. 간도 지방의 중국인은 한국인의 집단 이주를 달가워하지 않았어요. 일본의 앞잡이라며 중국 경찰에 신고하기도 했어요. 학교라는 이름을 붙이면 또 다른 오해를 불러올까 봐 강습소라고 이름 붙였어요. 신흥 무관 학교라는 이름은 1919년 5월, 학교를 넓히면서부터 본격적으로 쓰기 시작했어요.

흥 강습소라는 간판을 달았어요. 신흥이라는 이름은 신민회에서 신(新) 자를 빌리고 다시 일어나라는 의미에서 흥(興) 자를 붙여서 지은 것이에요.

이름은 강습소였지만 독립군을 길러 내는 무관 학교였어요. 대한 제국의 군인이었던 사람들을 교사로 맞아들였고, 학교에서 필요한 경비는 이회영의 둘째 형인 이석영이 거의 마련했어요. 학생들에게 학비는 받지 않았고 집이 먼 학생들은 이회영의 형제나 마을 어른들이 돌아가며 보살폈어요.

옥수수 창고에서 시작한 신흥 강습소는 1911년 겨울에 첫 졸업생을 냈어요. 이듬해 봄에는 번듯한 학교 건물을 지을 수 있었어요. 이석영이 땅과 비용을 마련했고, 건물 짓는 일은 학생, 교사, 마을 주민들이 다 함께 도왔어요. 삽과 곡괭이로 언 땅을 파고 등짐으로 돌을 날라야 했지만 누구도 불평하지 않고 오히려 신나게 일했어요. 드디어 그해 여름, 학교가 완공됐어요. 나란히 늘어선 열여덟 개의 교실, 강당과 기숙사, 총기 보관실이 마련되었지요.

시설은 좋아졌지만 학생들의 생활이 편치만은 않았어요. 신흥 무관 학교 학생들은 새벽에 일어나 체조를 하고 청소를 한 뒤 아침을 먹었어요. 오전에는 역사, 지리, 중국어 같은 과목을 공부하고 오후에는 군사 훈련을 받았어요. 먹을 것이 부족해 농사철에는 농사를 지어야 했고 겨울에는 혹독한 추위와 싸우며 땔감을 마련했어요. 언제 나타날지 모르는 도적 때문에 마을의 경비도 섰어요. 그러나 학생들은 불평하지 않았어요.

마을 사람들도 학교 일에 적극적이었어요. 학생들의 밥을 지어 주고 채소를 재배하고, 학교를 수리하는 일을 모두 주민이 맡아 했어요.

국내로 잠입한 이회영

"일본 형사대가 이회영, 이시영, 이동녕 선생을 잡으려고 만주로 갔답니다. 믿을 만한 소식이니 얼른 피하세요."

1913년 초에 국내에서 이런 연락을 보내왔어요. 군자금을 모으려고 국내로 들어간 동지가 보낸 소식이었어요. 마침 블라디보스토크에 있는 이상설도 비슷한 소식을 전해 왔어요.

"일본 신문에 신흥 무관 학교 이야기가 실렸어요. 회영 형과 시영, 동녕의 이름까지 실린 걸 보니 정보가 흘러 들어간 모양이에요. 각별히 조심하세요."

이회영, 이시영, 이동녕은 신흥 무관 학교를 다른 사람에게 맡기고 떠나기로 결정하고, 어디로 갈지 의논했어요. 이동녕이 의견을 냈어요.

"블라디보스토크로 가면 어떨까요? 거기에서 상설에게 의지하다가 때를 보아 적당한 곳으로 흩어져요."

그러나 이회영의 생각은 달랐어요.

"나는 국내로 가겠네."

"형님! 안 됩니다! 호랑이 굴로 직접 가시겠다니요?"

이시영이 말렸지만 이회영의 고집을 꺾을 수는 없었어요.

"위험하다고 숨어 있으면 무슨 일을 할 수 있겠나? 국내에 가서 자금을 모아 보겠네. 너무 걱정 말게. 등잔 밑이 어둡다고 했어. 우리가 제 발로 조국 땅을 찾을 거라고 누가 생각이나 하겠나?"

결심을 굳힌 이회영을 보며 이동녕이 농담을 건넸어요.

"삼국지의 조자룡이 천하에 겁 없는 사람이라더니, 회영 형도 조자룡 못지않습니다. 부디 몸조심하세요."

이회영은 국내로 들어와 독립 운동 자금을 모았어요. 지방에 있는 부자들을 찾아다니며 모금을 하고, 난 그림을 그려서 판 돈을 독립 운동 자금에 보탰어요. 일본 경찰에 체포된 적도 있지만 잡아 가둘 만한 죄가 없었기에 얼마 뒤에 풀려났어요.

임시 정부 지킴이 이시영

1918년 말이 되면서 국내외 독립운동가들의 움직임이 바빠졌어요. 바

※ **파리 강화 회의**

전쟁 당사국들은 전쟁 후의 문제를 처리하기 위해 프랑스에서 파리 강화 회의를 열었어요. 회의는 민족 자결주의를 평화 원칙으로 인정했어요. 그러나 민족 자결주의에 의해서 독립을 한 민족은 많지 않아요. 전쟁에서 패한 나라인 독일, 오스트리아, 헝가리의 지배를 받던 민족에게만 독립이 인정되었어요. 일본은 전쟁에서 이긴 승전국 편이었기 때문에 그 식민지인 한국의 독립에는 어느 나라도 관심을 갖지 않았어요.

쁜 움직임은 그 당시 세계 정세와도 관계가 깊었어요. 1914년에 시작한 제1차 세계 대전이 1918년 11월에 끝나면서 세계 각국은 전쟁의 마무리를 위해 파리에서 ※파리 강화 회의를 열었어요.

이 국제회의에서 미국의 윌슨 대통령이 세계 평화를 지키기 위한 몇 가지 원칙을 발표했는데, 그 가운데 하나가 민족 자결주의예요. 민족의 문제는 누구의 침해도 받지 않고 그 민족 스스로 결정해야 한다는 원칙이지요.

식민 지배를 받던 약소국에게 민족 자결주의는 절호의 기회였어요. 대한 제국도 큰 희망을 걸었어요. 이번 기회에 독립을 선언하고 세계에 우리 민족의 독립을 호소하려고 노력했어요.

일본에 있던 한국인 유학생들은 1919년 2월 8일, 도쿄 한복판에서 독립 선언을 했어요. 국내의 지사들도 독립 선언을 하기에 적당한 날을 골랐어요. 그리고 3월 1일, 고종의 장례일인 인산을 앞두고 사람들이 서울에 모여 있을 때를 노리기로 했어요.

마침내 3월 1일, 탑골 공원에 모인 수천 명의 백성과 학생들은 만세 시위를 벌였어요. '대한 독립 만세'를 부르는 백성의 함성은 전국으로, 우리나라 사람이 사는 해외로 불처럼 번졌어요.

이회영은 3·1 운동이 일어나기 전에 중국으로 떠났어요. 해외에 있는 동지들에게 국내의 움직임을 전하고 앞으로의 일을 의논하려면 서둘러야 했기 때문이에요. 그 무렵 일본, 만주, 미국, 러시아, 상하이, 한국에서 활동하던 독립운동가들이 중국 상하이로 모였어요. 이회영도 이시영, 이동녕과 함께 상하이로 갔어요. 상하이에 임시 정부를 만들어 독립운동을 제대로 펼치자는 이야기가 나왔어요. 많은 사람이 동의했지만 이회영은 정부를 만들자는 의견에 찬성하지 않았어요.

"정부를 세워 누구 한 사람을 대표로 만들면 지위와 권력을 다투느라 독립운동을 제대로 할 수 없습니다. 여러 단체가 자유롭게 운동하면서 서로 협력하면 될 것입니다."

이회영은 조선 시대의 양반들이 출신 지역과 파벌로 나뉘어서 다투던 일을 떠올렸어요.

강대국이 되어 가는 일본과 맞서 싸우려면 단결해도 모자랄 판인데 정부를 세워 놓고 권력 다툼이나 벌일까 걱정이 되었어요.

그러나 이회영의 의견은 받아들여지지 않았어요. 동생 이시영이나 친구 이동녕조차 이회영의 주장에 반기를 들었어요.

"정부가 있으면 외교 활동을 하기에도 좋고 독립운동도 체계적으로 할 수 있어요."

나라를 위하는 마음은 모두 같았지만 방법은 조금씩 달랐어요. 할 수 없이 이회영은 베이징으로 가서 새로운 활동을 시작했고 이시영은 *임시 정부에 몸담았어요.

임시 정부가 야심차게 출발했지만 그 길이 순탄치만은 않았어요. 일본의 방해로 활동이 어려워지자 떠나는 사

※ **임시 정부**
1919년 4월 13일, 중국 상하이에서 대한민국 임시 정부가 태어났어요. 나라 이름은 대한 제국을 되찾는다는 의미에서 '대한(大韓)', 국민이 주인인 공화국이라는 뜻으로 '민국(民國)', 두 단어를 합쳐 지었어요. 이 무렵 독립지사들은 국내와 러시아 등에서도 각기 다른 임시 정부를 세웠어요. 그러나 정부를 하나로 통합하자는 의견이 모아지면서 1919년 9월에 통합 임시 정부가 탄생했어요. 임시 정부 청사는 일본의 영향력이 덜 미치던 상하이에 두기로 했어요.

람도 생겼어요. 그러나 이시영은 임시 정부가 태어나던 1919년부터 해방이 되던 1945년까지 변함없이 임시 정부와 함께했어요. 훗날 이시영은 이렇게 말했어요.

"내가 모든 어려움을 견디며 대한민국 임시 정부를 지킨 것은 순국선열의 영령이 내 머리 위에서 질책하시는 것 같아 두렵고 송구스러웠기 때문이오. 나 개인의 고통은 돌아볼 여유가 없었소."

만주로 간 형제들 가운데 살아서 해방을 지켜본 사람은 이시영뿐이었어요. 모두들 독립운동을 벌이다 비참하게 삶을 마쳤어요. 가장 많은 자금을 내놓았던 이석영은 상하이 뒷골목에서 굶주려 죽었어요. 막내 이호영과 그의 두 아들은 다물단을 만들어 무장 투쟁을 벌이다 행방불명되었고 이회영은 일본 경찰에게 모진 고문을 받다 *뤼순 감옥에서 세상을 떠났어요.

이회영 일가가 공들인 신흥 무관 학교는 3·1운동 이후 입학하려는 학생들이 넘쳐났어요. 일본 사관 학교를 졸업한 지청천도 교사가 되겠다며 찾아왔어요. 학교는 학생들을 모두 수용할 만한 곳으로 옮겼어요. 양조장 건물을 고쳐 지은 학교에 비로소 신흥 무관 학교의 간판을 걸 수 있었어요. 그러나 일본과 중국의 방해로 신흥 무관 학교는 1920년에 문을 닫았어요.

＊ **뤼순 감옥**
뤼순 지역은 일찍이 러시아가 중국에게 땅을 빌려 쓰기로 한 곳이에요. 일본은 러일 전쟁에서 승리하며 뤼순을 손에 넣게 되었어요. 이곳 뤼순의 감옥은 우리에게는 특별히 가슴 아픈 장소예요. 이토 히로부미를 처단한 안중근의 사형 집행이 이곳에서 이루어졌고, 이회영이 고문의 후유증을 이기지 못하고 여기에서 눈을 감았어요. 이회영과 가까웠던 역사 연구가 신채호도 뤼순 감옥에서 병으로 숨졌어요.

임시 정부는 어떤 일을 했을까?

가족을 이끌고 독립운동에 나선 이상룡, 김대락

이회영의 가족처럼 독립운동을 위해 망명을 떠난 가족이 또 있었어요. 바로 안동에 살던 이상룡의 가족이에요. 이상룡은 1907년에 지역 인사들과 협동 학교를 세우고 계몽 운동을 벌였어요. 국권이 침탈 당하자 이회영, 이시영과 상의해 온 가족이 망명을 떠났어요.

"백번을 꺾여도 좌절하지 않겠다는 뜻을 가지고 고구려 영토인 만주에 가서 독립운동을 펼치겠다."

이상룡은 이회영과 같은 곳에 살며 한국인 거주지를 만들고 신흥 무관 학교를 세우는 데 앞장섰어요. 임시 정부에서 활동하기도 했어요.

이상룡의 처남인 김대락도 가족과 망명을 했어요. 김대락은 안동 지방의 이름난 양반으로, 이상룡이 계몽 운동을 벌이는 것을 못마땅하게 생각했어요. 그러나 이상룡이 가져다준 신문을 읽고 생각이 바뀌었어요.

"시대가 달라지면 사람의 도리도 달라져야 한다는 것을 깨달았다. 새 교육의 필요성을 일찍 깨닫지 못한 게 한이지만 이제라도 깨달았으니 의무를 다하리오."

김대락은 나라를 빼앗긴 땅에서 후손을 볼 수 없다고 생각했어요. 김대락은 1911년부터 세상을 떠난 1914년까지 망명지에서 《백하일기》를 썼어요. 이 책은 만주에 간 한인들이 정착하는 과정, 신흥 무관 학교의 초창기 모습을 담고 있는 귀중한 역사책이에요.

호랑이보다 빠른 독립군
_ 홍범도, 김좌진

홍범도(1868~1962)는 10대에 평안 감영의 군사로 일하면서 익힌 사격 솜씨로 산짐승을 잡아 생계를 이었어요. 동료들을 모아 의병 활동을 하다가 일본의 압박이 점점 심해지자 러시아 연해주로 망명해 독립운동을 벌였어요. 1919년 3·1 운동이 일어나자 군사들을 모아 국내 진입 작전을 벌였고, 봉오동 전투와 청산리 전투에서 연이어 승리했어요.

김좌진(1889~1930)은 1905년 집안의 노비를 해방시키며 재산을 나눠 주었고 호명 학교를 세워 계몽 운동에 열심이었어요. 국권이 침탈 당한 뒤 서울로 올라와 상점을 차리고 신의주에 회사를 만들어 국내외 독립운동가들을 도왔어요. 만주로 가서 북간도의 독립군 부대를 맡았고, 청산리 전투에서 다른 독립군 부대와 함께 큰 승리를 거뒀어요.

홍대장이 가는 길에는 일월이 명랑한데
왜적 군대 가는 길에는 눈비 내린다
에헹야 에헹야 에헹 에헹 에헹야
왜적 군대가 막 쓰러진다.

왜적 놈이 게다짝을 끌에 버리고
동래 부산 넘어가는 날은 언제나 될까
에헹야 에헹야 에헹 에헹 에헹야
왜적 군대가 막 쓰러진다.

1910년대, 함경도와 평안도 산골 지방에서는 이런 노래가 불렸어요. 의병 홍대장을 칭찬하며 일본군이 부산을 거쳐 일본으로 도망가길 바라는 노래예요. 노랫말 속의 홍대장은 누구일까요? 포수 출신의 독립군 홍범도예요. 산의 지리를 잘 알아 빠르

고 용맹하기가 호랑이 같았다는 홍범도. 사람들은 *날으는 홍범도가를 만들어 불렀어요.

> ※ **날으는 홍범도가**
> 올바른 표기법은 '나는 홍범도'이지만, 이 책에는 그 당시 사람들이 쓰던 제목을 그대로 썼어요.

백두산 호랑이로 불린 사람

1907년 10월, 함경도에 일본군이 나타나 사냥을 하는 산포수의 집을 찾아다녔어요.

"새로운 법이 생겨서 집 안에 총기를 보관하면 안 돼요. 우리에게 맡기시오."

포수들은 일본군의 갑작스러운 요구에 어리둥절했어요. 산이 험한 함경도는 농사를 짓기 어려워 사냥을 하며 살아가는 사람이 많았어요. 사냥꾼에게 총은 농부의 삽과 다름없는 연장인데 내놓으라니 모두들 당황했어요.

"압수하는 게 아니라 이름표를 찍어서 돌려줄 거요. 이름표를 붙인 총은 마음대로 써도 되니 어서 맡겨요. 만약 총을 숨겨 두었다가 발각되면 큰 벌을 받을 거요."

그러나 돌려준다는 말은 속임수였어요. 더 높은 관청에 가져가서 이름표를 받아야 한다며 그대로 가져가 버

※ 의병

조선 말기에 여러 차례 의병이 일어났어요. 왕후 시해사건과 단발령 때문에 일어난 을미의병, 을사늑약 뒤에 일어난 을사의병이 있었어요. 1907년에도 일본이 고종을 황제 자리에서 강제로 끌어내리고 대한 제국의 군대까지 해산해 버리자 의병이 일어났어요. 이때 강제로 해산당한 군인들이 의병이 되어 큰 세력을 이루었어요. 정미년에 일어난 의병이어서 정미의병이라고 불러요.

렸어요.

일본은 대한 제국의 군대를 해산한 뒤에 총포 화약류 단속법을 만들었어요. 한국인이 갖고 있는 총을 모두 걷어 들이기 위해서였어요. ※의병들의 투쟁 때문에 골머리를 앓던 일본은 무기를 모두 빼앗아 의병들의 손발을 묶을 작정이었어요.

그러나 일본군은 총이 꼭 필요한 산포수들의 것까지 압수했어요. 산포수들은 강하게 반발했어요. 그 중심에 홍범도가 있었어요. 홍범도는 총을 절대로 넘겨주지 말자고 동료들을 설득했어요.

"총과 탄약은 우리 포수들의 목숨 줄인데 이대로 빼앗기면 안 돼요. 일본과 맞서 싸웁시다. 지금이야말로 나라와 민족을 위해 싸울 절호의 기회요. 임진왜란 때에도 의병들이 나라를 구했는데, 우리라고 못 하란 법이 있소?"

홍범도는 포수들을 중심으로 70여 명의 의병을 모았어요. 첫 번째 작전은 빼앗긴 총을 되찾는 일이었어요.

"총을 싣고 나갈 때 일본군은 반드시 후치령을 넘을 거다. 우리는 매복해 있다가 일본군을 습격해 빼앗긴 총을 되찾는다."

홍범도 군대는 나무를 베어다가 전투 부대가 공격과

방어를 할 수 있는 진지를 만들고 눈을 덮어서 감쪽같이 위장했어요. 계획은 대성공이었어요. 방심한 일본군이 총을 신고 후치령을 지날 때 홍범도 군대는 맹렬한 공격을 퍼부어 빼앗긴 총을 되찾았어요. 일본군이 갖고 있던 신식 무기까지 얻을 수 있었어요. 홍범도는 우편물이나 목재를 실어 나르는 일본 관리들을 몇 번 더 혼내 주었어요. 이 같은 소문이 퍼지면서 사람들이 찾아와 의병이 되겠다고 했어요. 포수는 물론 광산 노동자, 주민, 해산당한 군인도 있었어요. 홍범도의 군대는 한 달 만에 300여 명이 되었어요.

   홍범도는 개마고원을 누비며 일본군과 싸워 이겼어요. 식민 통치에 앞장선 일본 관리들을 혼내 주면서도 주민에게는 아무런 피해를 주지 않았어요. 이 때문에 홍범도는 백성들 사이에서 인기가 높았어요.

일본군은 홍범도와 의병들을 잡으려고 출동했어요. 그러나 포수들은 산의 지리를 훤히 꿰고 있는 데다 사격술도 뛰어났어요. 비호같이 공격하고 재빨리 사라지는 전술을 쓰며 일본군을 따돌렸어요. 백성들은 홍범도를 '백두산 호랑이', '날으는 홍범도'라고 부르며 갖가지 영웅담을 만들어 냈어요. 백발백중의 사격 솜씨는 전설처럼 산간 마을을 떠돌았고 홍범도를 주인공으로 한 노래가 울려 퍼졌어요.

그러나 일본이 한국의 주권을 빼앗은 1910년 이후로 의병 활동은 점점 어려워졌어요. 일본의 강력한 탄압이 뒤따라 무기와 식량을 구하기도 힘들었어요. 의병들은 만주나 러시아로 떠났어요. 그러나 웅크리고 숨어 지낸 것만은 아니었어요. 무기를 사 모으거나 훈련을 하며 적당한 때를 기다렸어요. 홍범도도 마찬가지였어요. 그리고 마침내 기다리던 때가 왔어요. 1919년 3·1 운동이 일어나고 임시 정부가 수립되면서 무장 독립운동을 벌여야 한다는 주장이 강하게 일어났어요. 과거의 의병들이 독립군이 되는 순간이었어요.

독립군이 첫 승리를 거둔 봉오동 전투

"조국에서 민심이 폭발했다니 이제야말로 독립 전쟁을 벌일 절호의 기회가 아닌가?"

연해주에 있던 홍범도는 3·1운동이 일어났다는 소식을 듣고 흥분했어요. 마치 모든 준비를 끝내고 기다렸던 사람처럼 독립군을 모아 즉시 간도로 와서 자리를 잡았어요. 군사를 모집하고 무기를 구입하는 일을 서둘렀어요. 홍범도 군대뿐 아니라 그동안 숨죽이고 있던 수많은 독립군 부대가 독립 전쟁을 벌이기 위해 일어났어요.

1920년대 조선 총독부 경찰이 만든 문서를 보면 독립군이 얼마나 위협적이었는지 알 수 있어요.

'독립군은 중국 땅에 단결해 모여 있다. 행동이 민첩하고 지리에 밝아서 야영에도 익숙하다. 자유자재로 출몰하면서 국경을 넘어와 낮에는 산이나 숲에 숨어 있다가 해가 지면 거리낌 없이 돌아다닌다. 앞으로 이런 일이 더욱 많이 벌어질 것 같으니 어떤 위험이 있을지 예측하기 어렵다. 우리 일본 경찰은 어떤 일이 벌어질지 몰라 무장한 채로 총을 베개 삼아 잠깐씩 눈을 붙일 뿐이다.'

독립군 때문에 극도의 긴장 상태에 놓인 일본 경찰의 모습이 느껴져요. 이 문서에서도 알 수 있듯이 만주에 있던 독립군은 국경을 넘어 국내로 들어오기를 시도했어요. 시작은 홍범도 부대가 했어요.

"*경술년에 국치를 당한 이래로 10년 동안 조국에 들어가 보는 것이 소원이었다. 진입 작전을 개시한다!"

홍범도는 1919년 여름 삼엄한 경비를 뚫고 국내로 진입했어요. 가을에도 일본 경찰이 설치한 파출소인 주재소를 기습 공격해 일본군과 전투를 벌여 승리했어요. 홍

※ 경술년 국치
1910년, 일본에 국권을 침탈당한 일을 가리켜요. 경술년에 벌어진 나라의 치욕이라는 뜻에서 경술국치라고 불러요.

범도 부대의 활동에 힘을 얻은 다른 독립군 부대도 거침없이 국내 진입 작전을 벌였어요. 최진동, 안무, 김좌진 등이 이끄는 독립군이 국경을 넘었어요.

1920년이 되자 홍범도는 독립군 부대끼리 힘을 합칠 필요를 느꼈어요. 간도의 여러 독립군 대장들도 홍범도의 의견에 찬성했어요. 독립군 대장들은 봉오동에 군사들을 모아 연합 부대를 만들었어요.

이 정보는 고스란히 일본군에게 들어갔어요. 일본군은 독립군 부대를 무찌르겠다며 1920년 6월 두만강을 건너 독립군이 모인 봉오동으로 향했어요. 독립군도 적의 출현을 알아챘어요.

"일본군이 두만강을 건넜습니다. 무고한 양민을 학살하며 이쪽으로 오고 있습니다."

홍범도는 독립군 부대의 총지휘관으로서 작전을 짜고 군사들에게 명령을 내렸어요.

"주민들을 깊은 산속으로 대피시켜라. 산이 험해 동서남북에 고지가 있으니 그곳을 이용해 전투를 벌인다. 고지에 매복해 있다가 적들을 골짜기로 유인해 한꺼번에 섬멸하자."

홍범도는 네 개의 고지에 군사를 배치하고 자신도 직접 군사를 거느리고 매복했어요. 탄약과 식량 보급 담당을 정하고 일본군을 유인해 올 군사를 뽑았어요.

유인을 맡은 독립군들이 앞으로 나가 일본군을 기다렸어요. 전투를 벌이다 패하는 척하며 봉오동 골짜기로 일본군을 끌어오는 게 1차 작전이었어요. 1차 작전은 성공이었어요. 일본군은 도망치는 척하는 독립군을 따라 골짜기로 들어왔어요.

"적들이 포위망 안에 들어왔다. 모두 공격하라!"

홍범도가 신호탄을 쏘았어요. 매복하고 있던 독립군의 총이 일제히 불을 뿜었어요. 일본군은 우왕좌왕했어요. 고지에 숨은 독립군의 모습은 제대로 보이지 않았어요. 일본군은 얼마 버티지 못하고 퇴각하는 나팔을 불었어요. 독립군은 끝까지 추격했어요. 그런데 오후가 되자 갑자기 소나기가 쏟아지며 골짜기에 안개가 자욱하게 끼었어요. 앞이 보이지 않을 만큼 짙은 안개 때문에 홍범도는 철수하는 나팔을 불어야 했어요. 일본군은 이 틈을 타고 달아났어요.

봉오동 전투의 승리는 많은 한국인을 흥분시켰어요. 임시 정부가 발행하는 독립신문도 전투 소식을 상세히 알렸어요. 주민들은 전투를 끝

낸 독립군이 이동할 때마다 열렬히 환영했어요. 한 마을에서는 큰 잔치를 베풀어 주었어요. 홍범도는 주민들에게 인사를 했어요.

"우리는 고국산천을 버리고 다른 나라에 기대 사는 동포들에게 돈과 곡식을 받아 꾸려 왔습니다. 우리가 독립에 대한 의지를 꺾는다면 여러분의 돈과 곡식을 훔친 도둑이 되는 것입니다. 저는 군사들에게 전투에서 죽을힘을 다하라고 늘 훈시하고 있습니다."

독립군의 활약이 눈부신 청산리 대첩

봉오동 전투가 끝난 뒤 일본은 독립군을 몰아내라며 중국을 압박했어요. 독립군도 그 사실을 잘 알고 있었어요. 다행히 중국에는 독립군의 처지를 안타깝게 여기는 관리들이 있었어요. 독립군은 그들과 비밀 협상을 벌였어요.

"일본이 한국의 독립군을 몰아내라고 우리를 압박하고 있어요. 중국도 일본의 요구를 마냥 모른 체할 수 없어서 입장이 곤란합니다. 일본의 눈에 띄지 않게 군대를 좀 더 깊은 산속으로 옮기는 게 어떻겠습니까?"

독립군 지도자들은 중국의 제안을 받아들이기로 했어요. 본거지를 백두산 쪽 깊은 숲으로 옮기기로 했지요. 홍범도가 가장 먼저 백두산으로 출발하며 부하들에게 말했어요.

"봉오동 전투에서 패했으니 일본 군대를 한두 달 안에 다시 만날 것이다. 일본군과 싸우는 게 두렵지는 않지만 독이 오른 저들과 싸우다

죽으면 무슨 의미가 있으리. 백두산에서 때를 기다렸다가 조국에 발자국이라도 디뎌 보자."

가장 늦게 이동한 부대는 김좌진의 부대였어요. 김좌진 부대는 북간도에서 부대 안에 간부를 키우는 사관연성소를 운영하고 있었는데, 사관연성소 학생들의 졸업식을 앞두고 있었어요. 졸업식을 마친 뒤 군사와 졸업생을 이끌고 총기와 탄약까지 모두 챙겨 새로운 기지로 떠났어요. 산적들이 다니던 험한 산길을 야밤을 틈타 이동하는 것은 힘든 일이었어요.

일본군의 첩자는 독립군의 움직임을 낱낱이 알고 일본군에게 보고했어요. 일본군은 김좌진 부대의 뒤를 바짝 따라붙었어요. 독립군 지도자들은 긴급회의를 열어 일본과 맞서 싸우기로 결정했어요.

10월 20일, 일본군이 김좌진의 부대가 잠시 머물던 청산리로 다가오고 있었어요. 김좌진은 적당한 전투 장소를 찾으며 결전을 준비했어요. 정찰 나갔던 장교 하나가 급히 돌아와 보고했어요.

"십 리쯤 더 들어가면 넓은 공터가 있습니다. 양옆은 깎아지른 절벽이고 둘레는 깊은 산이라 마치 철옹성 같습니다."

그곳은 백운평이었어요. 김좌진은 즉시 백운평으로 이동해 작전을 짰어요.

"전투를 치르기에 알맞은 장소다. 일본군이 반드시 여기를 지날 테니 산과 절벽에서 매복했다가 적들이 백운평을 지날 때 총공격한다!"

김좌진은 사관 연성소를 막 졸업한 신참들까지 실전에 투입했어요.

21일 아침, 아무것도 모르는 일본군이 백운평 고지로 들어섰어요.
"적들이 나타났다. 공격 개시!"
매복하고 기다리던 독립군이 사격을 퍼부었어요. 일본군은 독립군보다 무기가 강하고 군사의 수도 많았지만 위에서 내려다보며 공격하는 독립군을 쉽게 이길 수 없었어요. 일본군은 독안의 쥐처럼 옴짝달싹 못하다 얼마 싸워 보지도 못하고 그대로 후퇴했어요.

두 번째 전투는 완루구에 벌어졌어요. 백운평 전투가 벌어졌던 날 밤이었어요. 홍범도의 군대는 그곳에서 야영을 하고 있었어요.

한밤중이 되었을 때 홍범도는 갑자기 이상한 생각이 들었어요.

"일본군은 우리를 잡겠다고 출동했는데 한가하게 잠을 자고 있을 수 없다. 모두 산으로 가서 매복하자."

선견지명이었어요. 바로 그날 밤, 일본군이 마을을 공격하러 나타났어요. 일본군은 독립군이 산으로 옮겨 간 사실을 짐작도 하지 못했어요. 캄캄한 밤, 산속에 숨은 독립군에게 모든 것이 유리했어요. 홍범도는 일본군을 아주 가볍게 섬멸하고 다량의 총과 탄약까지 빼앗을 수 있었어요.

가장 큰 전투는 어랑촌에서 벌어졌어요. 어랑촌은 한국인 10여 가구가 사는 작은 마을로 일본군 본부가 있었어요. 대포를 다루는 군사인 포병과 말을 타고 싸우는 군사인 기병, 총이나 칼 등을 쓰는 군사인 보병 등 주력 부대가 모두 머물러 있었지요. 김좌진은 앞서 치른 전투에서 패한 일본군이 이곳으로 돌아갈 것이라고 생각했어요.

"패잔병들이 어랑촌에 도착하면 일본은 다시 군사를 움직여 우리를 치러 올 것이다. 공격을 기다리지 말고 우리가 먼저 어랑촌으로 가서 고지를 점령하자!"

김좌진은 유리한 고지를 차지했어요. 그러나 독립군은 이미 몇 번의 전투로 지쳐 있었어요. 더구나 상대는 일본군의 주력 부대였어요. 일본 기병들이 골짜기를 따라 와서 독립군의 옆을 공격했어요. 앞에서는 보병들이 공세를 멈추지 않았어요.

김좌진 부대가 수세에 몰릴 때쯤 응원군이 나타났어요. 바로 홍범도의 부대였어요. 홍범도는 일본군의 뒤로 몰래 다가가 공격했어요. 또 다른 응원군은 마을 주민이었어요. 하루 종일 굶으며 전투를 벌일 때 주민들은 주먹밥을 가져다 독립군의 입에 넣어 주었어요. 꼬박 하루가 걸린 전투에서 독립군은 마침내 승리를 거둘 수 있었어요.

그 뒤로도 독립군은 몇 번의 전투를 더 치렀어요. 독립군끼리 연합 작전을 펼치거나 단독 작전을 펼쳐 일본군을 크게 무찔렀어요. 이것이 바로 역사적인 *청산리 대첩이에요.

상황이 열악했던 독립군이 일본의 정예 부대를 상대로 승리를 거둔 이유는 무엇일까요? 어느 독립군 간부가 임시 정부에 보낸 보고서를 보면 그 이유를 짐작할 수 있어요.

'3일간 전투가 일어나는 동안 식량이 떨어져 대여섯 개의 감자로 주린 배를 채웠다. 하룻밤 하룻낮 동안 150리의 험한 숲을 지나면서도 사기가 떨어지지 않았다. 전투 후에도 눈밭을 지나느라 동상에 걸린 군사들이 적지 않았다. 이런데도 조금의 후회와 원망도 없으니 이는 모두 독립에 대한 희망 때문이다.'

※ **청산리 대첩**
독립군은 백운평에서부터 마지막 고동하에 이르기까지 6일간 10여 차례의 전투를 벌였어요. 일본을 크게 무찌른 이 전투들을 일컬어 '청산리 대첩'이라고 불러요.

독립군은 어떻게 되었을까?

독립군에 참가한 사람들

3·1 운동 이후에 간도와 연해주에서는 수많은 독립군 부대가 생겨났어요. 무력 투쟁을 벌여서라도 독립을 이루고자 하는 열망이 그만큼 컸어요.

홍범도는 의병 출신으로 국권 침탈 이후에 해외로 망명해서 독립군이 되었어요. 대한 제국의 관리였던 이범윤은 안중근 등과 함께 의병 활동을 벌이다 3·1 운동이 일어난 뒤 독립군이 되었어요.

무관 학교 출신들도 자연스럽게 독립군에 몸담았어요. 대표적으로 신흥 무관 학교 출신들은 서로 군정서라는 독립군 부대를 만들었어요.

일본 사관 학교를 나온 사람들도 독립군으로 변신했어요. 지청천은 3·1운동 이후에 간도로 망명해 신흥 무관 학교의 교관으로 일하다가 독립군에 가담했어요.

여성 독립군도 있었어요. 독립군의 어머니로 불리는 남자현은 3·1운동 뒤에 만주로 건너가 독립군 여성 대원으로 활약했어요. 박차정은 1931년 중국으로 망명해 남편 김원봉과 함께 무장 투쟁을 벌였어요.

역사 속에서 희망 찾기
_신채호

신채호(1880~1936)는 조선의 국립 대학에 해당하는 성균관에서 유생을 가르쳤지만 벼슬을 그만두고 언론인이 되었어요. 황성신문과 대한매일신보에서 날카롭고 힘 있는 문장으로 일본을 비판하는 논설을 썼어요. 특히 일본이 우리 역사를 왜곡하자 자랑스러운 우리 민족의 역사를 밝히는 일에 앞장섰어요. 우리 민족이 주체적으로 문화와 역사를 발전시켰다는 신채호의 역사 연구를 '민족 사학'이라고 불러요.

"1592년에 일본의 도요토미 히데요시가 군사 20만과 군함 수백 척으로 침략 전쟁을 일으켰습니다. 일본 육군은 부산에 상륙해 경상도, 충청도를 거쳐 서울로 향했고 일본 해군은 전라도를 거쳐 경기도로 향했습니다. 그때 전라도 해변에서 적군과 싸운 사람이 이순신입니다."

1919년 3·1 운동이 일어나고 얼마 지나지 않았을 때, 중국 상하이에서 역사 강연회가 열렸어요. 강연을 듣는 사람들은 임시 정부를 수립하기 위해 중국과 러시아에서 모인 독립운동가들, 새롭게 독립운동에 몸 담으려고 한국에서 온 젊은이들이었어요. 그들 사이에 안창호와 김구도 보였어요. 강연회나 연설회는 오랜만에 만난 동지들끼리는 결속력을 다지고, 새롭게 참가한 청년들은 애국심을 키우는 자리였어요.

"조선 각지에서 일어난 의병들이 왜군에게 큰 타격을 주었고 해군 대장 이순신은 거북선을 만들어 적군의 군함을 침몰 시켰습니다!"

일본을 물리치기 위해 조국을 떠나온 사람들에게 300여 년 전 일본을 혼쭐낸 조선 백성과 이순신 이야기는 큰 감동을 주었어요. 감동적인 이야기를 들려준 사람은 신채호였어요. 일본을 비판하는 신문 논설로 백성들의 마음을 달래 준 언론인이자, 망명을 떠나올 때 온통 역사책만 챙긴 역사학자였어요.

만주에서 찾은 우리 역사

1921년 어느 날, 베이징에 있는 신채호의 집으로 한 남자가 찾아왔어요. 한국에서 국어와 국사를 가르치던 이윤재였어요. 신채호는 임시 정부에 참여하는 대신 이회영, 김창숙 등과 베이징에 머물며 독립운동을 펼치고 있었어요. 이윤재는 3·1운동에 앞장선 일로 옥살이를 하고 난 뒤 베이징으로 공부하러 온 유학생이었어요.

누군가의 소개로 처음 만난 사이였지만 두 사람은 오랜 친구처럼 반갑게 손을 맞잡았어요. '역사'라는 공통점이 있었기에 더 반가웠는지도 모를 일이었어요.

"저는 공부를 더 할 생각으로 여기 왔습니다. 동양 문화를 연구하기에 중국만 한 곳이 없다고 생각했어요."

이윤재의 말에 신채호는 함박웃음을 지었어요.

"훌륭한 결정입니다. 한국 사람들은 대부분 서양이나 일본으로 유학하는데 동양 문화를 연구하려면 중국이 제격이지요. 중국에는 우리 역사 유적도 아주 많습니다. 내가 만주에 있을 때 우리 민족의 *유적지를 답사했는데 유적이 여간 많은 것이 아닙니다. 그것들이 다 우리의 연구 대상인데 하나둘 사라지고 있으니 통곡할 일이지요."

이윤재도 맞장구를 쳤어요.

"우리나라는 고대사 기록이 부족해서 아쉬운데, 선생님 말씀대로 국내외에 흩어진 사적을 조사해서 연구한다면 부족함을 채울 수 있겠군요."

* 유적지 답사

신채호는 1914년 간도에 있는 동창 학교에서 역사를 가르치며 고구려 유적지와 발해 유적지를 돌아보았어요. 옛 조상들의 영토를 돌아보며 신채호는 무척이나 감격스러워했어요. '고구려 유적지를 한 번 돌아보는 게 삼국사기를 한 번 읽는 것보다 훨씬 낫다.'고 말하기도 했어요.

"그렇습니다. 사실 우리나라 사람들이 역사를 한반도 안에서만 찾다 보니 억지로 꿰어 맞춘 게 한두 가지가 아니에요. 단군이 도읍지로 삼은 아사달만 해도 그래요. 사람들은 아사달이 황해도라고 말하지만 하얼빈 인근이 확실해요. 고구려 동명성왕이 세운 졸본이 평안도라는 말도 터무니없는 주장이에요. 졸본은 압록강 북쪽에 있었어요. 도깨비도 땅은 못 옮긴다고 하는데 도대체 우리나라 역사가들은 무슨 재주가 있어서 만주에 있던 땅을 한반도로 옮겼는지 알 수가 없습니다."

신채호는 지도까지 그려 보이며 역사 이야기에 열을 올렸어요.

아닌 게 아니라 고려 시대부터 학자들은 우리 역사를 한반도 안에서만 찾았어요. 신채호는 《독사신론》이라는 책에서 이런 태도를 비판하고 그동안 잘 몰랐던 부여와 발해를 중요한 우리 역사로 보았어요.

단군의 정통 후손은 부여 왕조가 분명하다. 우리나라에 백 개의 나라, 천 개의 나라가 있었다 해도 중심 민족은 부여다. 그런데 어찌하여 역사학자들은 부여에 대해서 한 구절도 말하지 않는가.

당당한 고구려의 유민으로 고구려 옛 땅에서 일어난 발해국을 역사에 기록하지 않은 까닭에 우리는 압록강 동쪽의 민족만이 우리 민족이라 여겼고 압록강 동쪽의 역사만 우리 것으로 알았다. 우리의 선조인 단군, 부루, 동명성왕, 대무신왕 등 여러 영웅들이 우리 자손에게 물려준 터전을 우리는 남의 것인 줄만 알았다.

신채호는 이렇게 우리 역사의 무대를 압록강 너머 만주로 넓혔어요. 베이징대학교 도서관에서 수많은 책과 씨름하고, 유적지를 직접 답사하며 자기 생각을 튼튼하게 뒷받침했어요.

"단재(신채호의 호) 선생. 이런 연구 결과는 책으로 펴내야 하지 않겠습니까?"

신채호의 이야기를 귀담아 듣던 이윤재가 말했어요.

"몇 해 전부터 조금씩 쓰고 있습니다. 빨리 끝낼 참이에요."

신채호는 두툼한 원고 뭉치를 보여 주었어요. 우리의 고대 역사를 다섯 권으로 정리해 놓은 원고였어요. 원고를 살펴 본 이윤재는 슬쩍 지나가는 말로 물었어요.

"출판 전에 맞춤법도 손을 보면 어떻겠습니까?"

국어 교사를 지냈고 뒷날 국어 연구에 몸담은 이윤재는 신채호의 맞춤법에 자연스럽게 눈이 갔어요.

"물론 좋지요. 맞춤법은 선생이 맡아서 전부 고쳐 주시오."

평소 고집이 세기로 소문난 신채호가 어쩐 일로 자신의 부족함을 인정하며 흔쾌하게 대답했어요. 한글에 있어서는 이윤재가 전문가인 것을 인정했기 때문일 거예요.

신채호는 역사뿐 아니라 우리의 말과 글, 아름다운 풍속과 문화를 지키는 일이 모두 중요하다고 강조했어요. 나라 없는 민족도 내 나라의 말과 글, 풍속과 문화를 아끼면 언젠가는 일어날 것이라는 글을 쓴 적이 있지요.

민족의 정의심을 담은 글

"선생님! 저 김원봉입니다."

"오! 자네가 바로? 이렇게 만나게 되니 반갑군."

1922년 겨울이었어요. 스물다섯 살의 청년 김원봉이 신채호를 찾아왔어요. 신채호는 김원봉을 그 누구보다 반갑게 맞았어요.

"요즘 자네들의 활약이 대단하다는 소식은 듣고 있네. 의열단 근처에는 어떤 수상한 놈도 얼씬대지 못한다지?"

"뜬소문입니다."

"겸손하게 말하지 않아도 되네. 대한의 청년들이 이렇게 든든하니 얼마나 고마운지 몰라. 신흥 무관 학교를 세운 이회영 선생님도 무척 좋아하신다네."

둘의 이야기는 한참이나 이어졌어요.

김원봉은 의열단을 이끌고 있었어요. 1919년 11월, 신흥 무관 학교 출신의 청년 13명은 한반도와 국경을 마주하고 있는 지린성의 한 농가에서 의열단을 결성했어요. 이들은 몇 가지 공약을 정했는데, 그 첫 번째가 '천하의 정의로운 일을 맹렬히 실행한다.'는 것이었어요. 의열단이라는 이름은 '정의'와 '맹렬'에서 하나씩 따서 붙였지요.

의열단이 말하는 정의로운 일이란, 조국의 독립을 위해 무장 투쟁을 벌이는 일이었어요. 조선 총독과 높은 일본 관리, 지위 높은 일본 군인, 친일 앞잡이, 일제의 첩보원 등을 암살하고 조선 총독부와 동양 척식 회사, 경찰서 등 식민 지배에 앞장서는 일제 관공서를 파괴하는 것이 바로 *의열단의 목표였지요.

의열단은 결성 뒤 부산 경찰서, 밀양 경찰서, 조선 총독부에 폭탄을 던지는 등 많은 의거를 실행했어요. 일제는 눈에 불을 켜고 의열 단장을 체포하려고 했어요. 그런 김원봉이 위험을 무릅쓰며 신채호를 찾아온 이유는 무엇일까요?

김원봉의 표현을 빌리면 신채호는 세상이 다 아는 언

※ **의열단의 목표**
의열단은 강력한 무장 투쟁을 독립운동의 방법으로 채택하며 암살 대상 일곱과 파괴 대상 다섯 곳을 정했어요. 식민 지배에 책임이 있는 일본의 정치인과 군인들, 그들의 일을 돕는 친일파들이 암살 대상이었어요. 일본의 관공서와 친일 언론사, 한국인 수탈 기관 등이 파괴 대상이었어요. 이런 점에서 의열 활동은 민간인에게 피해를 주는 폭력 행위와는 차원이 다른 명백한 독립운동이에요. 일본 경찰조차 의열단은 강제로 자금을 걷거나 사람들에게 해를 끼친 사실이 없다고 보고한 일도 있어요.

론인이자 역사학자였어요. 황성신문과 대한매일신보의 주필로 일하며 거침없는 논설을 하는 것으로 유명했어요. 특히 우리 고대사의 뿌리를 밝히는 역사 이야기를 많이 썼어요. 역사에 관심이 없어도 지식인이라면 누구라도 한 번쯤 신채호를 만나고 싶어 했어요. 더욱이 신채호와 김원봉은 무장 투쟁으로 독립을 쟁취해야 한다는 입장이 같았어요.

'야만적으로 우리를 침략한 일제는 극악무도한 무단 통치를 펼치고 있기 때문에 무장 투쟁으로만 물리칠 수 있다.'

신채호는 일찍부터 이런 주장을 폈어요. 독립군들이 봉오동과 청산리에서 일본군을 크게 이겼을 때는 신문에 승전보를 전하여 '동포여 물러서지 말고 모두 일어나 독립군의 후원이 되자.'고 썼지요.

미국에서 온 박용만과 함께 무장 단체를 만들어 자금을 모집하는 일을 맡았고, 이회영과 함께 여기저기 흩어진 독립군을 한데 모을 준비를 했어요. 무장 투쟁을 지지하는 신채호, 무장 투쟁을 직접 실행하는 김원봉, 그 둘은 며칠을 함께 보내며 많은 이야기를 나누었어요.

어느 날, 김원봉이 신채호에게 물었어요.

"선생님. 저희가 상하이에서 폭탄 제조소를 운영하고 있는데 구경 한번 하시지 않겠습니까?"

"그새 폭탄 만드는 기술까지 갖추었는가?

"예. 폭탄 전문가인 헝가리 사람 하나가 지희를 돕고 있습니다."

"흥미로운 이야기구먼. 함께 가세."

"실은 한 가지 부탁이 더 있습니다."

"무엇인가?"

"저는 의열 행동만큼 중요한 게 정신을 알리는 일이라고 생각합니다. 사람들은 투쟁의 결과만 보고 판단할 뿐 왜 우리가 이런 투쟁을 벌이는지 알지 못하니까요. 그래서 드리는 말씀인데, 의열단의 정신이 담긴 선언문을 선생님께서 써 주십시오."

김원봉은 며칠 사이 신채호에 대한 마음이 각별해졌어요. 역사가의 전문성으로 보나 독립운동가의 지조로 보나 존경하고 따를 만했어요. 그래서 *의열단 선언문을 부탁한 것이었어요.

신채호 역시 훌륭한 제자를 만난 듯 김원봉을 아끼는 마음이 두터워졌어요. 김원봉의 부탁을 거절할 이유가 없었지요.

"당장 자네를 따라 나서겠네."

신채호는 상하이에서 폭탄 제조소를 돌아본 뒤 숙소에 들어앉아 의열단 선언문을 쓰기 시작했어요. 의열단의 활동을 기록하고 신입 단원을 교육시키던 류자명이 신채호와 함께 생활하며 선언문 작성을 도왔어요. 그리고 한 달 뒤, 김원봉과 단원들은 의열단 선언문을 받았어요.

※ **의열단 선언문**
의열단 선언문의 정식 이름은 '조선 혁명 선언'이에요. 의열 투쟁 정당성과 독립운동의 정신을 확고하게 심어 준 역사적인 선언문으로 평가받아요. 의열 단원은 이 선언문을 항상 품고 다녔고 거사 뒤에는 현장에 뿌렸어요.

강도 일본이 우리의 국호를 없애고 우리의 정권을 빼앗으며, 우리 생존의 필요 조건을 다 박탈하였다. 경제의 생명인 산림, 시내와 연못, 철도, 광산, 어장 또는 소공업 원료까지 다 빼앗아……
강도 일본이 헌병 정치와 경찰 정치를 힘써 행하여 우리 민족이 한 발자국의 행동도 마음대로 못 하고, 언론·출판·결사·집회의 일체의 자유가 없어 울분과 원한이 있어도……

독립에 대한 의지와 의열단의 정신을 잘 담은 힘 있는 문장에 김원봉과 의열 단원 모두 감격했어요. 의열 단원이 아니어도 글을 읽고 느끼는 감정은 똑같았어요. 류자명은 평소 잘 알고 지내던 임시 정부의 이시영, 김구, 이동녕을 찾아가 의열단 선언문을 보여 주었어요. 모두들 감탄하며 칭찬을 아끼지 않았어요. 그 가운데 한 사람이 이렇게 말했어요.

"우리 민족의 정의심이 모두 들어 있는 선언문일세. 이 글은 아무래도 단재의 솜씨 같은걸. 안 그런가?"

친일파의 도움 대신 택한 죽음

다시 베이징으로 돌아온 신채호는 무장 투쟁 단체인 '다물단'을 후원하며 선언문도 썼어요. 다물단은 이회영의 동생 이호영과 그의 두 아들, 이회영의 아들 등이 만든 무장 투쟁 단체였어요.

1928년 봄, 신채호는 독립운동에 쓸 자금 마련을 위해 대만에 갔어요. 그러나 일을 실행하기도 전에 일본 경찰에 체포되어 재판정에 섰고 10년형을 받으며 뤼순 감옥에 갇혔어요.

　신채호가 감옥에 갇히자 친구들은 귀중한 역사 원고가 그대로 묻힐까 걱정했어요. 조선일보 사장인 안재홍은 신채호가 맡겨 둔 원고들을 찾아 신문에 실었어요. 이것이 바로 신채호의 대표작인 《조선상고사》예요. 조선이란 조선 시대를 가리키는 것이 아니라 '단군 조선'을 가리키는 말로, 이 책은 한국의 고대 역사를 다루고 있어요.

　1935년, 오랜 감옥 생활로 신채호의 건강은 악화되었어요. 일본은 보증인을 세우면 감옥에서 내보내 주겠다고 했어요. 친척 가운데서 보증을 서겠다는 사람도 나섰어요. 그러나 신채호는 그 친척이 친일파라며 도움을 거부했어요. 1년 뒤 신채호는 감옥에서 쓰러져 정신을 잃었고 면회 온 가족과 눈 한 번 맞추지 못하고 숨을 거두었어요.

신채호는 왜 역사 연구에 매달렸을까?

1930년대 의열 투쟁을 이끈 이봉창과 윤봉길

1931년 상하이 임시 정부에 이봉창이 직접 찾아왔어요. 이봉창은 한인 애국 단장 김구에게 일왕을 암살할 계획을 말했어요.

"저는 31년 동안 충분히 즐겁게 살았습니다. 남은 인생은 독립운동으로 더 큰 기쁨을 얻으려고 합니다."

이봉창의 말에 김구는 크게 감동했어요. 마침내 1932년 1월 8일 도쿄, 일왕이 마차를 타고 왕궁으로 돌아갈 때 군중 속에 있던 이봉창이 마차 행렬로 폭탄을 던졌어요. 아쉽게 계획은 성공하지 못했지만 이봉창의 의거는 독립운동가들에게 큰 자극을 주었어요.

3개월 뒤, 상하이에서 윤봉길의 의거가 일어났어요. 윤봉길은 농촌에 야학당을 세워 학생을 가르치다가 중국으로 망명해 김구와 만났어요. 김구와 윤봉길은 적당한 때를 기다리고 있었어요. 1932년 4월, 일본은 중국과의 전쟁에서 이기고 기념식을 홍커우 공원에서 연다고 발표했어요.

4월 29일, 윤봉길은 도시락과 물통으로 위장한 폭탄 두 개를 몸에 지니고 아침 일찍 공원으로 갔어요. 기념식이 한창일 때 윤봉길은 군인과 외교관 등 일본의 주요 인물이 모인 단상으로 폭탄을 던졌어요. 폭탄이 터지며 일본 육군 대장과 해군 총사령관 등이 죽거나 다쳤어요.

중국의 중요 정치인인 장제스는 '중국의 백만 군대가 하지 못한 일을 윤봉길 혼자 했다.'고 말하며 한국의 독립운동을 돕기로 약속했어요.

한글이 목숨
_최현배와 조선어 학회 사람들

우리나라 최고의 한글 연구가인 주시경은 많은 제자를 길러 냈어요. 주시경의 제자들은 스승의 뜻을 이어 국어를 연구하려고 1921년 12월, 조선어 연구회를 만들었어요. 이병기, 신명균, 김윤경 등이 앞장섰어요. 10년 뒤에는 이름을 조선어 학회로 바꾸었어요. 조선어 학회는 이윤재를 책임자로 삼아 잡지 〈한글〉을 냈고 이극로가 앞장선 가운데 《조선어 사전》을 만들기로 결정했어요. 사전을 만들기에 앞서 한글 맞춤법과 표준어를 만들었는데 최현배, 이희승, 신명균 등이 참가했어요.

1932년 어느 날, 남자 몇 명이 서울 시내 음식점에 들어갔어요. 한참 동안 세상 돌아가는 이야기를 나누고 자리에서 일어설 때, 음식점 주인이 손님을 붙잡고 책을 하나 내밀었어요.

"여기에 글씨 하나만 써 주세요. 저희 가게에 오신 손님들을 기억하려고 책을 하나 만들고 있습니다."

표지에는 금서집이라고 씌어 있었어요. 비단처럼 아름다운 글을 모은 책이라는 뜻이었지요. 안쪽에는 여러 손님이 쓴 글과 글쓴이의 이름이 적혀 있었어요. 그러니까 금서집은 사인을 모은 책이었어요.

"자네가 쓰게나."

친구들은 무리 가운데 한 사람을 떠밀었어요. 등을 떠밀린 사람은 붓을 잡고 큰 글씨로 이렇게 썼어요.

'한글이 목숨. 최현배'

그 손님들은 조선어 학회에서 한글을 연구하던 사람들이었어요. 최현배가 대표로 쓴 글이지만 회원 모두의 마음도 그와 같았어요. 일제의 서슬이 시퍼런 강점기에 조선어 학회 사람들에게 한글은 목숨만큼이나 소중했어요.

겨레와 말을 지켜 주는 사전

"이제 우리도 본격적으로 사전을 만들어 봅시다."

1929년 *한글날을 며칠 앞둔 날, **조선어 학회 회원 이극로가 다른 회원에게 이런 제안을 했어요. 이극로는 독일에서 공부하고 돌아와 직장도 얻지 않고 조선어 연구회에 들어왔어요. 독일에서 귀국할 때부터 사전을 만들 계획이었어요.

"내가 독일에서 조선어를 가르칠 때 사전이 없는 게 얼마나 부끄러웠는지 몰라요. 이제라도 만들어 봅시다. 비록 나라는 일본의 발아래 있지만 사전이 있으면 우리 겨레, 우리말은 없어지지 않습니다."

다른 회원도 이극로의 제안에 찬성했어요. 사전 편찬은 회원 모두가 바라는 일이었어요. 이미 1911년, 주시경이 제자들과 함께 사전 편찬을 시작했지만 완성하지 못한 일이 있었어요. 학회 회원들은 대부분 주시경의 제자

* **한글날**

1926년, 조선어 학회는 세종대왕이 훈민정음을 완성한 날을 한글날로 정했어요. 기록에는 훈민정음을 완성한 정확한 날짜가 없고 1446년 음력 9월로만 나와 있어요. 그래서 음력 9월 30을 완성일로 보고 양력으로 바꾸어 10월 29일을 한글날로 정했어요. 그런데 1940년에 훈민정음을 창제한 과정과 사용법을 밝힌 해례본이 발견되었어요. 이 책의 서문에 훈민정음 완성일이 9월 상순으로 나와 있었어요. 상순은 1일부터 10일까지를 가리키는 말이었지요. 훈민정음을 완성한 날이 20일 앞당겨지면서 한글날도 20일 앞당겨 10월 9일로 변경했어요.

** **조선어 학회**

조선어 학회의 처음 이름은 조선어 연구회였어요. 그런데 조선에 와 있던 일본인들도 조선어 연구회를 만들어 활동하고 있었기에 혼란을 피하려고 1931년에 조선어 학회로 이름을 바꾸었어요.

였기에 이 사실을 늘 안타깝게 여기고 있었어요.

"물불 선생이 저리 나서니 이번에는 일이 제대로 될 모양입니다."

일을 할 때면 물불 가리지 않고 늘 적극적이라 물불이라는 별명을 얻은 이극로였어요. 덕분에 사전을 만들기 위한 모임이 꾸려졌어요. 최현배, 이윤재, 신명균, 한징 등이 주도적으로 나섰어요.

신문들도 사전 만드는 일을 큰 뉴스로 다루었어요. 뜻있는 사람들은 사전 편찬에 보태 쓰라고 기부금을 보내 주었어요. 학회 회원인 이상춘은 10년 동안 수집한 한글 어휘 9만여 개를 사전 편찬회에 주었어요. 회원 모두가 고마워했어요.

"실로 놀라운 보물입니다. 심혈을 기울여 완성한 원고를 아낌없이 내놓다니 사전 편찬은 벌써 절반은 성공입니다."

그러나 여러 도움에도 사전 작업은 어느 때 부터인가 어려움에 빠졌어요. 재정도 부족했지만 무엇보다 어려운 게 맞춤법이 통일되지 않았고 표준어도 정리되지 않았다는 것이었어요.

"우리가 기초 공사도 없이 의욕만으로 일을 시작했어요. 사전은 잠시 미뤄 두고 맞춤법을 통일하고 표준어를 먼저 조사합시다."

하나의 맞춤법과 표준어

엇개. 억개.

두 단어가 무슨 뜻인지 알 수 있나요? 어깨를 가리키는 말이에요. 둘 다 1920~1930년대에 신문에서 쓰던 말이에요. 맞춤법이 통일되지 않아서 누구는 어깨를 엇개로 쓰고 누구는 억개로 썼어요.

맞춤법 통일은 1907년 대한 제국 정부도 시도했던 일이에요. 국문 연구소를 만들고 주시경을 불러다 통일안을 만들려고 했지만 나라를 잃으며 흐지부지되었어요. 맞춤법이 없으니 글자는 쓰는 사람에 따라 제각각이었어요.

조선어 학회는 1930년, 최현배, 이극로 등 12명을 뽑아 맞춤법 통일안을 만들기로 했어요. 그러나 제각각 쓰던 것을 하나로 통일하는 게 쉽지만은 않았어요. 통일안을 만들어 놓고 회의를 할 때 서로의 주장이 맞서는 때가 많았어요. 우여곡절을 거쳐 3년 동안 1500명이 100여 차례 넘게 회의해서 맞춤법 통일안을 만들었어요.

그러나 조선어 학회의 맞춤법 통일안 자체를 반대하는 사람도 있었어요. 박승빈이 대표적이었어요.

"세종 대왕은 훈민정음을 만들 때 소리 나는 대로 적으라 했어요. 그런데 맞춤법 통일안은 소리 나는 대로 쓰지 않으니 사람들이 배우기 어렵소. 또 옛말도 살려 쓰지 않았어요. 통일안의 '먹으며, 많으며' 같은 단어는 '머그며, 만으며'로 바꿔 써야 합니다."

박승빈의 주장이 터무니없지만은 않았어요. 그러나 조선어 연구회처럼 자기의 주장을 담은 통일안을 내놓지 못했어요. 뜻있는 사람들은 애써 만든 맞춤법 통일안이 물거품이 될까 봐 걱정했어요. 작가, 종교계, 교육계, 언론계 인사 70여 명이 조선어 학회의 맞춤법 통일안에 손을 들어 주며 분위기가 달라졌어요. 한용운은 신문에 이런 글을 발표했어요.

'한글 학자들이 모여서 몇 년간 과학적 노력을 한 결과이니 우리 민중은 그대로 따라야지 다른 방법이 있습니까?'

 신문과 인쇄소들도 맞춤법을 따르기로 하면서 한글 맞춤법 통일안은 널리 이용되었어요.

 이제 표준어를 만들 차례였어요. 예전에는 사투리 때문에 말이 안 통하는 일이 많았어요. 이극로는 그런 경험 때문에 한글 연구를 결심하기도 했어요.

 1911년 서간도로 망명할 때, 이극로가 평안북도의 어느 집에 들러 아침을 먹었어요.

 "아주머니, 고추장 좀 주시겠어요?"

 "무엇을 달라고?"

 "고추장이요."

 "고추장이 뭔가?"

"고추장을 모르세요? 아…… 그거 있지 않습니까? 메주, 메주는 아시죠? 메주를 띄워서 고춧가루를 넣고……."

이극로는 힘들게 설명해야 했어요.

"아! 댕가지장 말이군."

주인장은 그제야 고추장을 가져다주었어요. 지방마다 말이 달라 벌어진 일이었어요. 그 만큼 사투리가 많았어요. 여우만 해도 지역에 따라 여수, 여시, 야시, 야수, 얏갱이, 영갱이, 영우 등으로 불렸어요.

이렇게 여러 말 가운데 하나를 골라 표준어로 삼아야 했어요. 최현배, 이희승, 이극로 등이 앞장섰어요. 그 밖에도 지역 별로 여러 사람을 뽑아 여러 차례 회의를 했어요. 어떤 말로 표준어를 삼을지 의견이 갈릴 때는 손을 들어 결정했어요. 그런 중에 재미난 일도 많았어요. 표준어 사정이 한창일 때 신문에 실린 이야기에요.

어느 회의에서 개의 새끼를 어떤 말로 부를까 정할 때였어요. 강아지와 개새끼 중에서 의견이 좁혀지지 않자 회장이 여러 위원들에게 물었어요.

"강아지와 개새끼 가운데 고르겠습니다. 먼저 강아지, 손 드세요."

여러 사람이 손을 들었어요.

"네. 다음은 개새끼, 손드세요."

또 여러 사람이 손을 들었어요.

그런데 손을 내리고 보니 회장은 여러 위원 가운데 이모 씨가 어느 편에 손을 들었는지 헷갈렸어요.

"이 선생님은 강아지죠?"

그러자 이 선생님이 대답했어요.

"아니오. 나는 개새끼요."

회장이 '개새끼, 손드세요.' 할 때부터 웃음을 참던 사람들은 더 참지 못하고 깔깔대고 웃었어요.

이런 과정을 거쳐 만든 표준어 사정안이 1936년 한글날 기념식에서 선을 보였어요. 조선어 학회는 안창호에게 축사를 해 달라고 부탁했어요. 대전 감옥에서 풀려나 서울에 머물던 안창호는 흔쾌히 수락했어요.

"우리 민족은 조상으로부터 계승한 것을 모두 잃고 결국 나라까지 잃었습니다. 다행히 조선어는……."

"이 모임의 대표가 누구시오?"

갑자기 한 사람이 벌떡 일어나더니 안창호의 말을 끊으며 소리쳤어요. 기념식을 감시하러 온 일본 형사였어요.

"모임 대표는 내일 종로 경찰서로 출두하시오."

일본 경찰은 자리를 박차고 일어나 문을 쾅 닫고 나갔어요. 안창호는 태연하게 연설을 이어 나갔어요.

"비록 나라는 잃었지만 조선어는 갖고 있으니 널리 보급하고 발달시켜야 합니다. 조선어 학회가 이런 일에 힘쓰고 있으니 감사할 따름입니다."

안창호는 꿋꿋하게 연설을 마쳤어요.

학회의 수난

맞춤법 통일안과 표준어가 나오자 사전 편찬에 보태라고 후원을 하는 사람이 늘었어요. 건축가인 정세권은 건물을, 이극로와 친분이 있던 이우식은 많은 비용을 기부했어요.

그런데 1937년 들어 학회에 찬물을 끼얹는 일이 일어났어요.

"큰일 났어요. 우리 회원들이 경찰에 잡혀갔답니다. 김윤경, 최현배, 이윤재, 그 밖에도 여러 사람이 끌려갔대요."

"아니 그게 무슨 소리예요? 무슨 이유로 죄 없는 사람을 갑자기 잡아가요?"

"요새 일본이 하는 일에 이유가 어디 있습니까? *중일 전쟁을 시작한 뒤로 걸림돌이 된다 싶은 사람은 어떻게든 굴레를 씌워 잡아 가두고 있는데."

조선어 학회 회원들이 깊은 한숨을 내쉬었어요.

※ 중일 전쟁

일본은 만주 지역을 식민지로 삼은 뒤 중국 대륙까지 호시탐탐 노리고 있었어요. 1937년 7월, 일본은 중국과 전쟁을 시작했고 난징에서 죄 없는 주민을 무차별 학살하는 만행을 저질렀어요. 일본에 시달릴 때마다 영토를 조금씩 내주던 중국이 더 이상 밀리지 않고 강력히 맞서면서 전쟁은 1945년 제2차 세계 대전이 끝날 때까지 계속되었어요. 일본은 중일 전쟁을 일으키면서 한국에서는 민족 말살 정책을 펼쳐 우리말과 글을 사용하지 못하게 했어요.

최현배는 몇 달 만에 감옥에서 풀려났지만 교수로 있던 연희전문학교(지금의 연세대학교)에서 일자리를 잃었어요. 그러나 최현배는 오히려 한글 연구에 몰두할 기회로 생각했어요.

'중일 전쟁이 격렬해지면서 서울에 폭탄이 떨어질 수도 있어. 폭탄을 맞아 죽기 전에 동지들이 연구한 결과를 후손들에게 전해야 해.'

최현배는 한글의 역사와 한글 연구자들의 학설을 담은 책 《한글갈》을 썼어요. 스승인 주시경의 가르침도 비중 있게 다루었어요. 최현배는 이 책에서 소리글자인 한글이 뜻글자보다 우수한 점을 여러 가지 들었어요.

'한글은 글자 수가 적어 배우기 쉽다. 한글은 소리를 쉽게 통일할 수 있다. 한글은 글자 수가 적어 인쇄하기 편리해서 책을 많이 펴낼 수 있다. 한글은 타자기를 사용할 때 편리하다.'

최현배가 《한글갈》을 집필하는 사이, 다른 회원들은 사전 편찬을 착착 진행했어요.

전국에서 어휘를 모으고 체계적으로 정리하고 또 뜻풀이를 했어요. 전국의 사투리를 모으느라 중등학교 학생들의 도움을 얻었어요. 전문 용어의 뜻풀이를 정확하게 하려고 문학, 음악, 미술, 식물, 경제, 의학, 철학, 민속, 곤충학, 수산학, 천문학 등 각계각층의 전문가에게도 도움을 요청했어요.

사전은 별 탈 없이 완성되어 가고 있었어요. 총독부에서 출판 허가를 받고 원고 가운데 일부를 인쇄소에 맡겼어요. 그런데 뜻하지 않은 사고가 일어났어요. 사전 편찬을 돕던 정태진이 말도 안 되는 사건에 연루돼 경찰에 붙들려 간 것이었어요. 앞뒤 사정은 이랬어요.

1942년 3월, 함경도 홍원읍의 기차역에서 일본 유학생 한 사람이 형사의 검문을 받았어요.

"어이, 학생. 왜 국민복을 입지 않았나? 그리고 머리는 왜 안 깎았지? 자네 이름이 뭐야?"

유학생은 퉁명스레 이름을 댔어요.

"*창씨개명도 안한 조선 이름을 대다니. 집이 어디냐?"

일본 경찰은 유학생의 방뿐 아니라 온 집안을 샅샅이 뒤졌어요. 그러다가 인근 여학교에 다니는 조카의 방에서 무언가를 찾았어요.

"아니. 이건 뭐지?"

일본 경찰이 발견한 것은 여고생의 일기장이었어요. 일본 경찰은 일기장을 샅샅이 살펴보다가 한 문장을 트집 잡기 시작했어요.

'국어를 썼다가 선생님한테 꾸지람을 들었다.'

바로 이 내용이었어요. 경찰은 여고생을 불러다 심문했어요.

"국어라면 조선어를 말하는 거지? 너희 학교는 아직도

※ 창씨개명
1940년 들어 일본은 내선일체(일본과 조선은 하나라는 뜻)를 주장하며 우리의 이름을 일본식 이름으로 바꾸라고 강요했어요. 이름을 바꾸지 않으면 학교에 다니지 못하고 경찰의 감시를 받는 등 여러 가지 불이익을 받았어요.

조선말을 쓰는 선생이 있나? 그게 누구야?"

"아니에요. 국어는 당연히 일본어예요. 저는 일본어를 쓰지 않아서 꾸지람을 들은 거예요."

"거짓말 마!"

일본 경찰은 억지를 부리며 여고생의 친구들까지 불러다 고문했어요. 여고생들 사이에서 정태진이라는 이름이 나왔어요. 정태진은 여학생이 다니는 학교에 교사로 있다가 사전을 만들기 위해 학교를 그만둔 터였어요. 경찰은 정태진을 불러다 취조했어요.

"정태진! 시간 끌지 말고 자백하라. 네가 민족 독립운동을 한다며 학생들을 부추겼지? 그리고 너의 배후는 사전을 만드는 조선어 학회가 맞지?"

"무슨 소리요! 절대 아니오. 조선어 학회는 순수하게 한글을 연구하는 단체이고 사전은 총독부도 허락한 일이란 말이오."

그러나 일본 경찰은 죄를 만들어 놓고 사람을 죄에 끼워 맞추었어요. 모진 고문을 하며 자백을 강요했어요. 결국 고문에 못 이긴 정태진은 허위 자백을 했고 조선어 학회 회원들은 영문도 모른 채 줄줄이 잡혀갔어요.

경찰서의 조사를 받은 사람이 50여 명에 가까웠고 감옥에 갇힌 사람도 33명이나 되었어요. 학회 회원들은 물론 사전 편찬을 비밀리에 후원하던 사람들도 끌려갔어요. 일본 경찰은 모진 고문을 가하며 자백을 강요하고 재판에 넘겼어요.

"한글은 민족의식을 키워 주므로 사전 편찬은 조선의 민족 운동과 같다. 이는 일본의 질서를 어지럽히는 내란죄(정부를 뒤집어엎으려는 죄)에 해당한다. 이극로 징역 6년, 최현배 징역 4년……."

재판정은 조선어 학회 회원들에게 징역을 선고했어요. 그 사이 이윤재와 한징은 모진 고문의 후유증을 이기지 못하고 옥사했어요.

그런 중에도 시간은 흘러 믿을 수 없을 만큼 기쁜 일이 벌어졌어요. 드디어 일본이 망하고 조국이 해방을 맞았어요. 열릴 것 같지 않던 감옥 문이 활짝 열리고 이극로, 최현배, 이희승, 정인승 등은 복도로 뛰어나와 얼싸 안았어요.

"대한 독립 만세!"

누가 먼저랄 것도 없이 만세를 부르며 집으로 돌아갈 수 있었어요. 그런데 문제가 또 생겼어요.

"사전 원고가 사라졌어요."

"말도 안 돼! 원고가 없으면 그 동안의 노력은 물거품이 돼요."

사전 원고는 재판의 증거물로 채택되어 재판정 이곳저곳으로 보내졌다가 행방불명되고 말았어요. 회원들은 사방으로 원고를 찾아 헤매었어요.

"찾았습니다! 찾았어요!"

마침내 원고의 행방을 알아냈어요.

"어디, 어디에 있습니까?"

"서울역에 있는 운수 회사 창고에 보관되어 있답니다."

"아! 하늘이 도왔어요. 감사합니다!"

조선어 학회 회원들은 즉시 창고로 달려갔어요. 원고가 든 상자를 여는 사람의 손은 덜덜 떨렸어요. 상자를 열고 원고를 집어든 사람의 눈에서는 눈물이 주르르 흘러내렸어요.

마침내 1947년 10월, 《큰사전》 1권이 세상에 나왔어요.

역사 산책
일본은 왜 말까지 탄압했을까?

한글로 저항시를 쓴 시인들

시인 윤동주는 연희전문학교에 다니며 최현배의 《우리말본》 수업을 들었어요. 강의를 들을 때 언제나 앞자리에 앉았어요.

"우리말을 배울 수 있는 학교에 오길 정말 잘했어!"

윤동주가 대학에 입학하던 때는 우리말을 할 수 없던 때였어요. 교실에서 우리말을 쓰면 벌금을 내야 했고, 동네마다 감시자를 두어 우리말을 쓰는 사람을 고발하게 했어요. 한국 사람은 싸움이나 잠꼬대도 일본말로 해야 할 지경이었어요. 이때 윤동주는 한글로 시를 써서 여러 사람에게 감동을 주었어요.

한용운은 3·1 운동 때 독립 선언서에 서명한 민족 대표로, 〈님의 침묵〉 같은 저항시를 써서 일본에 저항했어요. 일본이 창씨개명을 강요했을 때도 끝까지 거부했어요.

이상화는 대구에서 3·1 운동에 앞장섰어요. 〈빼앗긴 들에도 봄은 오는가?〉라는 유명한 저항시를 남겼어요. 심훈은 3·1 운동 뒤에 중국에 망명해 신채호와 잡지를 만들었어요. 귀국해 신문 기자로 일하며 〈그날이 오면〉이라는 저항시를 발표했고, 농촌 계몽 소설 《상록수》를 썼어요. 이육사는 대구 감옥에 갇혔을 때 수감 번호였던 264번을 이름으로 썼어요. 1930년대부터 저항 정신을 담은 시를 썼는데, 대표 작품으로 〈광야〉가 있어요.

인물로 정리하는 주요 역사 사건

- 1866 병인박해, 제너럴셔먼호 사건, 병인양요
- 1868 오페르트 도굴 사건
- 1871 신미양요, 척화비 건립
- 1876 강화도 조약

- 1882 임오군란
- 1884 갑신정변

- 1862 진주민란을 시작으로 전국에서 민란 발생
- 1894 동학 농민 운동, 집강소에서 폐정 개혁 실시

- 1896 독립신문 발간, 아관파천, 독립 협회 결성
- 1897 대한 제국 선포

- 1905 을사늑약
- 1907 헤이그에 특사 파견, 고종 양위

안창호

· 1907 국채 보상 운동, 신민회 결성, 군대 강제 해산
· 1908 대성 학교 설립
· 1909 안중근 의거

이회영

· 1910 국권 침탈, 만주로 망명
· 1911 신흥 학교 설립
· 1919 파리 강화 회의, 2·8 독립 선언
  3·1 만세 운동, 임시 정부 수립

홍범도, 김좌진

· 1907 정미의병
· 1920 봉오동 전투, 청산리 대첩
  간도 참변, 대한 독립군 결성

신채호

· 1919 의열단 결성
· 1923 의열단 선언문 작성
· 1931 《조선상고사》 연재
· 1932 이봉창 의거, 윤봉길 의거

· 1921 조선어 연구회 결성
· 1931 조선어 학회로 변경
· 1926 한글날 제정
· 1937 중일 전쟁 발발
· 1942 조선어 학회 사건
· 1945 8·15 광복
· 1947 《큰사전》 발간

최현배

 참고한 자료들

기록
- 《갑오실기》
- 《동학농민혁명사 일지》
- 《전봉준공초》

단행본 도서
- 《근세 조선 정감》, 박제형, 탐구당
- 《녹두 전봉준 평전》, 김삼웅, 시대의창
- 《단재 신채호 평전》, 김삼웅, 시대의창
- 《도산 안창호》, 이광수, 세시
- 《백 년 후 만나는 헤이그 특사》, 이태진 외, 태학사
- 《봉오동 청산리 전투의 영웅》, 장세윤, 역사공간
- 《이회영 평전》, 김삼웅, 책보세
- 《조선 상고사》, 신채호, 비봉출판사
- 《한글 만세, 주시경과 그의 제자들》, 이상각, 유리창
- 《헤이그 만국 평화 회의 관련 일본 정부 기밀 문서 자료집》, (사)헐버트박사 기념사업회 역, 선인

논문
- 《대원군의 보정부담초》, 성대경, 향토서울
- 《독립신문 광고에 나타난 개화기 사회상》, 조한경, 한국교원대학교 청람사학회
- 《홍범도의 항일 무장 투쟁과 역사적 의의》, 김주용, 인하대학교 한국학연구소
- 《새로 발견된 흥선 대원군 약전》, 김의환, 한국사학회
- 《서재필의 한국 근대사 인식》, 주진오, 인하대학교 한국학연구소
- 《신채호의 독립운동과 아나키즘》, 강남희, 연세대학교 교육대학원
- 《제너럴셔먼호 사건과 신미양요》, 이상태, 국방부
- 《동남 제도 개척사 김옥균의 활동과 영토·영해 인식》, 박은숙, 동북아역사재단

홈페이지
- 국사편찬위원회(www.history.go.kr)
- 단재 신채호 기념관(www.danjae.or.kr)
- 독립기념관(www.i815.or.kr)
- 동학농민혁명종합정보시스템(www.e-donghak.go.kr)
- 조선왕조실록(sillok.history.go.kr)
- 한국역사종합정보시스템(www.koreanhistory.or.kr)

인물로 만나는 근대 이야기

1판 1쇄 발행 | 2016. 10. 31.
1판 2쇄 발행 | 2023. 1. 1.

신연호 글 | 한용욱 그림

발행처 김영사 | 발행인 고세규
등록번호 제 406-2003-036호
등록일자 1979. 5. 17.
주소 경기도 파주시 문발로 197(우-10881)
전화 마케팅부 031-955-3102 편집부 031-955-3113~20
팩스 031-955-3111

ⓒ 2016 신연호, 한용욱
이 책의 저작권은 저자에게 있습니다. 저자와 출판사의 허락 없이 내용의 일부를 인용하거나
발췌하는 것을 금합니다.

값은 표지에 있습니다.
ISBN 978-89-349-7631-8 73910

좋은 독자가 좋은 책을 만듭니다. 김영사는 독자 여러분의 의견에 항상 귀 기울이고 있습니다.
전자우편 book@gimmyoung.com | 홈페이지 www.gimmyoungjr.com

이 도서의 국립중앙도서관 출판시도서목록(CIP)은 서지정보유통지원시스템 홈페이지(http://seoji.nl.go.kr)와
국가자료공동목록시스템(http://www.nl.go.kr/kolisnet)에서 이용하실 수 있습니다.
(CIP제어번호 : CIP2016025442)

어린이제품 안전특별법에 의한 표시사항

제품명 도서 제조년월일 2023년 1월 1일 제조사명 김영사 주소 10881 경기도 파주시 문발로 197
전화번호 031-955-3100 제조국명 대한민국 ⚠주의 책 모서리에 찍히거나 책장에 베이지 않게 조심하세요.